Nemetzkaja Dewuschka

Deutsches Mädchen

Heidrun Schaller

Nemetzkaja Dewuschka

Deutsches Mädchen

Aufwachsen in der Sowjetunion

elbaol verlag hamburg

FSC
www.fsc.org
MIX
Papier aus verantwortungsvollen Quellen
Paper from responsible sources
FSC® C105338

Impressum

elbaol verlag hamburg
www.elbaol-verlag-hamburg.de

Covermotiv: Heidrun Schaller

Druck, Fertigung und Auslieferung:
BoD GmbH, Norderstedt

ISBN: 978-3-939771-98-2
EUR 9,00

Inhalt

Zum Geleit 7
Namensgebung 9
Schon in der Fremde geboren 14
Was hatte dieser Vorfall in der Tschechoslowakei mit meinen Eltern und – viel wichtiger noch – mit mir zu tun? 16
Krieg in Eckernförde 19
Typhus in der Tschechoslowakei 21
Meine Mutter Erna 23
Mein Vater Kurt 28
Wie Herr von Löwis für unser Leben in Russland ausschlaggebend wurde 31
Diese „sogenannte Verschleppung“ war dann aber ein völlig freiwilliges Reisen in die UdSSR 40
Das Schloss und der Park 44
Kater Murr 47
Meine ersten Jahre in Russland 51
Die Puppe Katharina 54
Wenn Möbel erzählen könnten … 59
Die Marmorfiguren im Park 64
Todesfälle 66
Zitate aus dem Buch: „Deutsche in Oranienbaum“ von Juri Kalinin 72
Einschulung 75
Schule in meiner Kinderzeit 78
Sommerabenteuer 82
Fotografieren 84
Pionierlager 89
Sowjetrepublik 91
Ausflüge nach Leningrad 93
Goldfund 95
Birkengrüner Wind 102
Die seltsame Parade 104
Schneeengel 108
Katholische Gebete 112
Meine Ostberliner Freundin Gisela 113

Kindliche Verzweiflung (die Kölner Jahre 1954 – 1964; 11 – 21 Jahre alt) 122
Mit dem Moskwitsch über die Alpen 129
Vergiftete Sonntage 148
Meine Lehrzeit in Köln 149
Skurrile und nichtskurrile Sammlungen 160
Praktikum auf St. Pauli 166
Israel, Kibbuz En Gedi 171
Das Politische des Privaten 175
Kolpings Nase 179
Konservierte Kindheit 183
Über die Autorin 186

Zum Geleit

Als in Deutschland die Fluchtbewegung von Hunderttausenden von Ost nach West ging, da verschlug es mich mit meinen Eltern vom Westen in den Osten – nach Russland.
Wie es dazu kam und wie das Leben dort war und später die Rückeingewöhnung in Deutschland, erst im Ostteil des Landes und dann im Westen, das ist Inhalt meiner in Episoden erzählten Erinnerungen.
Meine Altersgruppe – neuerdings geistert der Begriff „Alterskohorte" dazu in den Medien herum – gehört inzwischen ja zu den Zeitzeugen, zu denen, die im Krieg geboren wurden und die schwierigen, teils das Leben sehr durcheinanderwirbelnden Nachkriegsjahre noch miterlebt haben.
Aber ich schrieb, schreibe das alles nicht nur für die Enkelkindergeneration auf – sondern auch zu einer Selbstvergewisserung, zur Unterstützung der eigenen Erinnerung, zur oftmals staunenden Kontaktaufnahme mit dem Kind, das ich einst war, denn inzwischen sind so viele Jahre vergangen, dass es mir manchmal so vorkommt, als könne das alles gar nicht ich gewesen sein, die das alles erlebt hat.
Ich hoffe, dass diese Erinnerungen für Leserinnen und Leser auch ein bisschen diese Zeit, diese Wurzeln meines, aber auch unseres heutigen Lebens beleuchten und sie interessieren mögen.

Namensgebung

Emmi, Maria, Jutta, Gisela, Heidrun, einen dieser oder auch ganz andere Namen hätten meine Eltern mir geben können. Mit dem Namen Emmi oder Maria – wäre ich da dieselbe geworden, hätte das einen Einfluss auf mein Leben, meinen Charakter, auf mich gehabt?

Nun haben sich meine Eltern aber ganz klar für diesen Namen für ihr kleines neugeborenes Mädchen entschieden und mich „Heidrun“ genannt.

Da ich im zweiten Weltkrieg in der Zeit des Nationalsozialismus geboren wurde, war diese Namenswahl nicht verwunderlich, denn damals waren nordische Namen, „Ariernamen“, angesagt. Vornamen unterliegen ganz besonders, immer schon, dem „Zeitgeist“ – modischen Strömungen.

Der Name „Heidrun“ ist also althochdeutschen Ursprunges und zusammengesetzt aus: *„heit“* = Art, Wesen und *„runa“* = das Geheimnis. Zusammengesetzt bedeutet er also: “*Die mit der geheimnisvollen Lebensart*“. Hinzu kommt, dass in der Isländischen Saga, der *„Edda“*, geschrieben steht: *„Heidrun die Geiß reichte den Göttern den Trank“*. Ich also eine *„geheimnisvolle Ziege“*-- na, *das* konnte ja nur schwierig werden.

Meine Eltern gaben mir also den Namen: „Heidrun“. Ich wurde aber als Kind immer „Heidi“ gerufen. Witzig, da mein Bruder, der zweieinhalb Jahre älter ist, Peter heißt und jeder sofort an den „Geißen-Peter“ erinnert wurde – aus dem Kinderbuch „Heidi“ von Johanna Spyri, das damals sehr populär war – wenn wir unsere Namen nannten. Nervig fand ich als Kind, dass jeder Erwachsene, wirklich *jeder,* glaubte, dass er der erste sei, dem dieser Zusammenhang aufgefallen war. Ich habe ihnen dann auch immer dieses „Privileg“ gelassen, sie nicht aufgeklärt, dass das eine Allerweltsinterpretation war.

Da meine Eltern beide – später mehr darüber – aus dem Sudetenland stammten (heute Tschechoslowakei) und die Tschechen, als dieser Teil des Landes mal wieder tschechisch war, alle deutschen Namen umgewidmet hatten, wurde aus dem Namen „Köpke" = „Galowa" = „Kopf" und „Köpfchen" wurde dann zu „Golowutschka", für die Deutschen besser aussprechbar: „Lawitschka" – und so blieb es dann bei diesem tschechisch-deutschen Wechselnamen. Für mich später in der Schule nicht so toll, da erkoren sich die Mitschülerinnen und Mitschüler den Spitznamen „Latschi" für mich aus. Oh, wie ich *das* hasste! Dieser Spitzname verfolgte mich noch bis in die Erzieherausbildung und erst nach meiner Heirat wurde ich ihn los, aber nur für die Menschen, die mich nicht mit meinem Mädchennamen kannten – die anderen benutzten ihn fröhlich weiter.

Nun gibt es ja noch den zweiten, sehr wichtigen Teil des bürokratisch verwalteten „Einstiegs" ins Leben, der nicht von außen benannt werden kann, der sich unabhängig von bewusster Lenkung einfach ereignet. Der Tag der Geburt. Dieser Geburts*tag* steht dann später ja auch immer im Personalausweis und ähnlichen Papieren und muss – mit dem Vor- und Zunamen – immer mitgeführt, angegeben werden. Auch ist er durch seine geschichtliche Einordnung und den Ort der Geburt ebenfalls sehr lebensbestimmend.
Ich also wurde am 31. Juli 1943 in Eckernförde an der Ostsee geboren, ein geschichtlich – lebensgeschichtlich – immer wieder sehr bedeutsames Datum, dieser 31. Juli, wie ich später noch erzählen werde.

Eckernförde 1943

Ich also, geboren im Krieg, im zweiten Weltkrieg. An dem Tag, als ich in einem Bunker bei Fliegeralarm das Licht der Welt erblickte – die funzelige, stickige, angsterfüllte Welt im Bunker –, war mein Vater die Hebamme, weil bei Alarm niemand, wirklich niemand, auch kein Arzt und keine Hebamme, den Bunker betreten oder verlassen durfte, Vater aber glücklicher

Weise vorausschauend, da meine Geburt kurz bevor stand, mit in diesem Bunker bei seiner hochschwangeren Frau Erna und dem kleinen Peter war. Sonst hielt er sich immer unten in einem anderen Bunker auf, näher an seinem Arbeitsplatz, der Torpedoversuchsanstalt.

Er hat es gut gemacht, mein frisch gebackener Vater, ich habe diese seltsame Geburt überlebt – meine Mutter auch.

Vater erzählt immer sehr stolz, dass die Hebamme und der Arzt im Eckernförder Krankenhaus, in das er Mutti und mich nach Beendigung des Fliegeralarms gebracht hatte und wo wir beide untersucht wurden, ihn sehr gelobt haben, wie toll er die Abnabelung, diese Geburtshilfe geleistet habe.

Der Bunker wird nun in den ersten Jahren dieses kleinen Wesens – für mich, die kleine Heidi – immer wieder das schützende Zuhause, wenn die Sirenen den herannahenden Fliegerverband mit dem Tod im Rumpf ankündigen. Aus dem Bettchen herausgerissen in die Arme der angstbebenden Mutter, der ältere Bruder heulend festgeklammert an der Tasche, in der alles das ist, was der Mensch für eine gewisse Zeit, für Stunden, zum Überleben braucht, aber auch das, was gerettet werden muss, falls das Zuhause, das nun immer öfter kein Zuhause mehr ist, von einer Bombe getroffen, alles zerstört wird, nichts mehr zu retten ist. In dieser angstvollen Zeit steht das Kinderzimmer leer.

Doch an diesem 31. Juli 1943, an dem ich im Bunker, immerhin sicher vom Vater in die Welt geholt, geboren wurde, genauer gesagt vom 27. Juli bis zum 2. August 1943, starben, verbrannten in Hamburg bei der sogenannten „Operation Gomorrha“ – unter diesem Codenamen starteten Briten und US-Amerikaner eine Reihe von schweren Luftangriffen auf Hamburg, überwiegend mit den alles zerstörenden und jedes Leben verbrennenden Brandbomben – zehntausende Menschen elendig im Feuersturm.

Jedes Mal, wenn ich in den zwanzig Jahren, die ich später in Hamburg lebte, mit Besuchern (da man von dort oben einen so wunderbaren Rundblick über die wiedererstandene Stadt, diese stahlglasbetonglitzernde, große Hansestadt hat) mit dem Fahrstuhl auf die Ruine der St. Nikolai-Kirche hinauffuhr, die als Mahnmal stehen gelassen wurde, erfasste mich erneut ein eisiger Schreck, wenn ich die Unterschriften unter den entsetzlichen Fotos anschaute, die eine völlig zerstörte, ausgebrannte Stadt zeigen, aufgenommen damals hier – genau hier, wo heute so irrsinnig der Verkehr brandet, die Hochhauspaläste prunken –, denn da stand er, *mein* Geburtstag, der 31.7.1943, an dem so viele Menschen sterben mussten. Meine Eltern erzählten später, dass man diese Feuersbrunst über Hamburg von Eckernförde aus blutrot am Himmel habe sehen können, obwohl es ca. hundertfünfzig Kilometer Luftlinie dorthin sind.

Ja – und so spektakulär und schrecklich der Einstieg in mein Leben war, so hielt es für mich noch viele schwierige, gefährliche, den ruhigen Lauf meines Lebens immer wieder durcheinander würfelnde, erschütternde Stationen und auch immer wieder totale Neuanfänge bereit.

Schon in der Fremde geboren

Aber nun will ich erst mal von den Ereignissen, die dazu führten, von Anfang an erzählen. Erzählen, wieso ich schon in der „Fremde" geboren wurde. Meine Eltern – Kurt und Erna – stammen beide, wie auch die Großeltern, aus dem sogenannten „Sudetenland", das bis zu Hitlers „Angliederung des Sudetenlandes an das Deutsche Reich" tschechisch war. Ich hätte also eigentlich nach der Hochzeit meiner Eltern 1938 irgendwann in Birnai oder Aussig, wo die Eltern damals lebten, also in der Tschechoslowakei geboren werden müssen, wenn meine Eltern nicht, ausgelöst durch diese Annexion, auch in ihrem Leben einen großen Schritt in die Fremde gemacht hätten. Und uns noch ungeborene Kinder gleich mit.

Im September 1938 wurde das sogenannte Münchner Abkommen geschlossen. Die Tschechoslowakei musste die sudetendeutschen Gebiete an das Deutsche Reich abtreten. Hitler erklärte: „Es ist mein unerschütterlicher Wille, dass die Tschechoslowakei von der Landkarte verschwinden muss."

Es kam dann zum Einmarsch der Deutschen Wehrmacht in die Tschechoslowakei und zu schlimmen Untaten (Morden und Vertreibungen) an der tschechischen Bevölkerung, denn die Nationalsozialistischen Zeitungen hatten das Verhalten der Tschechen gegenüber den Deutschen extrem negativ aufgebauscht dargestellt und als böse geschildert. Die Deutschen, die Sudetendeutschen müssten von diesen „bösen" Tschechen befreit werden. So stand zum Beispiel in der Zeitung: „Der entfesselte tschechische Pöbel terrorisiert die deutschblütige Bevölkerung". Die Tschechoslowakei war gegen die einseitig erklärten Regelungen machtlos und musste alles akzeptieren. Durch das Abkommen wurde, zumindest zu dieser Zeit, ein eventueller Krieg verhindert. Diesen Erfolg schrieb das Deutsche Nationalblatt Hitler zu. Die Tschechen sahen die einmarschierenden Truppen als Feinde an, verachteten und verspotteten sie, protestierten gegen sie, wohingegen die Deutschen jubelnde Anhänger dieser Truppen waren.

Daraufhin verkündete Hitler die Errichtung des „Reichsprotektorats Böhmen und Mähren“ und übernahm gleichzeitig den sogenannten Schutz der Slowakei, welche bereits Teil des Deutschen Reichs war.

Was hatte dieser Vorfall in der Tschechoslowakei mit meinen Eltern und – viel wichtiger noch – mit mir zu tun?

Damals herrschte große Arbeitslosigkeit in der Tschechoslowakei, und mein Vater, der gerade sein Diplom als Ingenieur im Maschinenbau in Prag erworben hatte und meine Mutter im Dezember 1938 heiratete – er war sehr begeistert von der Übernahme des Sudetenlandes durch das Deutsche Reich und sofort in die Nationalsozialistische Deutsche Arbeiterpartei (NSDAP) und in die Schutztruppe der NSDAP, die Waffen-SS, eingetreten. Ja, er hatte sogar stolz im schwarzen Uniformrock der Waffen-SS geheiratet. Das glückstrahlende Brautpaar musste damals durch ein Spalier uniformierter SS-Angehöriger und durch das „Dach" ihres zackigen gemeinsamen Hitlergrußes, schreiten. Eine typische nationalsozialistische Hochzeit, auch damals schon im Sudetenland gefeiert.

Wenn ich mich an Vaters Erklärungen über seine Begeisterung für den Nationalsozialismus damals erinnere, dann fällt mir ein, dass er mir unter anderem erzählte, dass er ja zum Tschechischen Militär eingezogen worden war (als Sudetendeutscher) – zur Kavallerie (Reiterei) – und dass in diesen zwei Jahren beim Militär die tschechischen militärischen Ausbilder ihn und andere Deutsche besonders gemein und schmerzhaft behandelt und ihn schikaniert hatten (heute würde man sagen: gemobbt), so sehr, dass ihm oftmals von dem vielen stundenlangen Reiten das Blut die Beine herunterlief, er vor Schmerzen nicht mehr sitzen und nicht mehr liegen konnte. Dieser Hass auf die Deutschen schlug also, nach der „Eingliederung" des Sudetenlandes in das Deutsche Reich, um – in Rache oder Hass der Deutschen auf die Tschechen. Es hatte, wenn man in der Geschichte dieser beiden Länder nachliest, wohl schon über Jahrhunderte hinweg immer ein solcher Wechsel der jeweiligen Machthaber gegeben, der natürlich immer die einfachen, machtlosen Menschen besonders hart traf.

Um aber Arbeit zu bekommen, musste mein Vater mit seiner jungen Frau Erna ins „Reich", denn dort begann die stark ausgebaute und in großem Tempo stattfindende Wiederaufrüstung der Deutschen durch Hitler nach dem ersten Weltkrieg auf Hochtouren zu laufen und es gab einen Erlass, dass nur der im „Reich" arbeiten durfte, der in einer kriegswichtigen Wirtschaft arbeiten würde. Und da hat mein Vater sich bei der Torpedoversuchsanstalt in Eckernförde beworben und zog mit seiner jungen Frau dorthin, um Torpedos zu entwickeln.

Diese Torpedos, Unterwasserraketen, werden von einem U-Boot aus auf „nichtsahnende" Schiffe abgefeuert, um diese zu zerstören, zu versenken. Das Schlimme ist, dass auf diesen Schiffen nicht nur Soldaten reisen, die einem feindlichen Heer angehören, sondern auch unschuldige Menschen, Frauen und Kinder und dass damit auch notwendige Lebensmittel für die Bevölkerung transportiert werden; und so sind diese zerstörerischen Torpedo-Raketen „blind" für ihre Ziele. Sie zerstören – egal was. Und mein Vater – das verstand ich dann erst viel später, als ich das alles in seiner Tragweite begriff – war einer der Konstrukteure von immer schrecklicher wirkenden, immer schneller und „todsicherer" ihr Ziel erreichenden, ferngesteuerten, todbringenden Torpedos. Es war für mich nicht leicht zu verkraften, dass

mein Vater damit sein Geld verdiente, unseren Unterhalt sicherte und damit den Tod so vieler unschuldiger Menschen billigend in Kauf nahm.
Ob mein Vater deswegen jemals Skrupel empfand, Gewissensbisse hatte, ob es ihn belastete, dass er ein „Handlanger des Todes“ war – ich weiß es nicht, denn bei uns zu Hause wurde nie über solche Zeiten und die Zugehörigkeit zum Nationalsozialismus und seinen Gräueltaten geredet. Allerdings stand Vater, stand meine Familie damit nicht alleine, denn ich erfuhr später von vielen Freunden, Bekannten, dass auch in ihren Elternhäusern diese Themen tabu waren.
So kam es also, dass mein Bruder Peter und ich, schon in der Fremde geboren wurden; und dieses Fremdsein, Wurzellos-Sein sollte sich als Grundgefühl durch mein ganzes weiteres Leben hindurchziehen, sich in immer neuen Variationen wiederholen.

Krieg in Eckernförde

Die Großeltern blieben natürlich erst mal im Sudetenland, als immer wieder Bombenangriffe auf Eckernförde geflogen wurden – wenn auch, wie man mir erzählte, die Taktik des „Potemkinschen Dorfes“ eingesetzt wurde. Als Potemkinsches Dorf wird Vorgetäuschtes bzw. die „Vorspiegelung falscher Tatsachen“ bezeichnet: Durch „Attrappen“ wird die Illusion von etwas eigentlich nicht Vorhandenen geschaffen.

Am Noor, einem sehr großen See mit einer ähnlichen Biegung wie die Eckernförder Bucht (wie eine abnehmende Mondsichel), stellte man viele Lichter und Hausattrappen auf, und der Ort Eckernförde an der eigentlichen Ostsee-Bucht wurde total verdunkelt, so dass die von England aus dem Westen heran fliegenden Bomber am Noor, das der Bucht vorgelagert ist, dachten, dass das schon Eckernförde sei. Damals gab es noch nicht so gute Radar- und Nachtsichtgeräte wie heute, da flogen die Piloten „auf Sicht“ und warfen ihre vernichtende Bombenlast dort ab, so dass tatsächlich *keine* einzige Bombe Eckernförde traf.

Allerdings konnte man nicht davon ausgehen, dass das immer klappen würde, und so flüchteten die Eckernförder bei jedem Fliegeralarm dennoch in die Bunker, und wenn es zu arg wurde mit den Bombenangriffen, schickten meine Eltern Peter und mich auch mehrmals zu den Großeltern nach Aussig an der Elbe im Sudetenland, wo es selbst im fortschreitenden Bombenkrieg noch relativ friedlich war.

Die Unruhe dieser alarmierten Zeit, das ständige „Flüchten“ vor den Angriffen in den Bunker, erlebte ich dann ja als Baby und Kleinkind auch noch weiter, und all das scheint mich auch heute noch zu beherrschen, hat mich zu einer „Flüchterin“ gemacht. Ich bin in meinem Leben zwölf Mal umgezogen, teilweise in andere Länder, andere Städte, darüber aber später mehr.

Ruhe fand ich in der Zeit damals wohl nur, wenn ich zu den Großeltern, den Eltern der Mutter, nach Aussig im Sudetenland gebracht wurde; dort herrschte noch Frieden, dort wurde ich geliebt, insbesondere, wie man mir erzählte, von meiner braunäugigen, sanftmütigen Großmutter Barbara, der ich nicht nur äußerlich so ähnlich sein soll.

Oma Lieber mit Heidi in Aussig 1944

Meine Mutter die Großeltern Lieber und Peter und Heidi in Aussig 1944

Typhus in der Tschechoslowakei

Doch auch diese Ruhephase bei den Großeltern im Sudetenland fand für mich ein jähes und für ein so kleines Mädchen von zweieinhalb Jahren ein schlimmes Ende. Ich erkrankte bei einem dieser Besuche an Typhus. Diese Krankheit wird durch einen Erreger, das Typhusbakterium *Salmonella*, verursacht. Es wird fäkal-oral übertragen, also beispielsweise durch verunreinigte Nahrungsmittel oder verschmutztes Wasser. In der Ansteckungszeit von sechs bis dreißig Tagen dringen die Erreger in die Darmwandzellen ein und wandern in die Blutbahn. Erst wenn die Erreger dort angekommen sind, kommt es zum Krankheitsausbruch, vor allem mit hohem Fieber und schrecklichem, anhaltenden Durchfall, oftmals mit tödlichem Verlauf.

Ich musste in dieser Umbruchszeit nach dem zweiten Weltkrieg mutterseelenallein für fast ein Vierteljahr in einem tschechischen Krankenhaus bleiben, bis mich meine Mutter dort mehr oder weniger herausstahl, weil ich immer noch nicht so gesund war, dass man mich regulär entlassen hätte.

Dieses Herausholen geschah unter den abenteuerlichsten Bedingungen – schwarz (ohne Papiere) über die inzwischen tschechisch-deutsche Grenze und weiter, immer weiter nach Norden – durch die amerikanische Besatzungszone in die englische Besatzungszone. Das war notwendig geworden, weil ich sonst alleine zurückgeblieben wäre, denn in der Zeit meines Krankenhausaufenthaltes hatte die deutsche Wehrmacht kapituliert, Deutschland den Krieg verloren und alles änderte sich wieder grundlegend.

Jetzt vertrieben die Tschechen alle Deutschen und so auch meine Großeltern, die ihre Villa und die Fabrik zurücklassen mussten und nur mit einem Rucksack als Gepäck bei meinen Eltern in Eckernförde ankamen.

Auf dieser Flucht mit meiner Mutter: Räume, Orte, Menschen, Fahrzeuge, ein wirres Kaleidoskop – immer wieder einpacken, aufbrechen, das Wenige, das Liebste, die „Lappen-Ella“ an die Brust gedrückt. Ihr, der Lumpenpuppe, flüsternd Geschichten erzählt, sie aufgemuntert, um die eigene Angst zu verlieren. Eine Liebe, die in all dem Chaos Sicherheit, Geborgenheit gab, damit Angst und Schrecken, die ununterbrochene Ungeborgenheit nicht überhand nehmen, sich nicht ausbreiten, nicht lähmen oder sich in einem Gebrüll zur falschen Zeit entladen konnten: „Um Gottes Willen, Kind – sei bloß still, du bringst uns noch alle ins Grab!“ – Damit keiner ihre Anwesenheit bemerkt und womöglich noch viel Schlimmeres geschieht, als dieses Kind – ich – mir je vorstellen konnte.

Mein Kleinkinderleben in dieser Zeit – nur diese Wechsel, kein Zuhause, kein Raum, kein Ort, nur eine Lappenpuppe als Stütze.

Während meines Klinik-Aufenthaltes also war glücklicher Weise endlich der zweite Weltkrieg zu Ende gegangen und die Bedingungen zwischen den Ländern hatten sich wieder umgedreht. Jetzt hassten die tschechischen Menschen wieder die Deutschen – mit all ihrem während der Besatzung durch die Nationalsozialisten aufgestauten Hass – und vertrieben *diese* aus ihrem Zuhause.

So auch meine Großeltern, die ihre Möbelfabrik, das Sägewerk, die Villa – alles – zurücklassen mussten und nur mit dem, was in Opas Rucksack passte, die Flucht über die Elbbrücke bei Aussig antraten.

Darüber, über diese Vertreibung aus Aussig, gibt es Berichte von überlebenden Augenzeugen, die von diesen Schrecken erzählen. Bei dieser Flucht, dem „Massaker von Aussig“, wurden unzählige Menschen umgebracht und die Toten einfach in die Elbe geworfen. Das war ein gegen die deutsche Zivilbevölkerung gerichteter Pogrom (Hetze, Ausschreitungen) – am 31. Juli 1945 (das war an meinem zweiten Geburtstag, offenbar ist dieses Datum in meinem Leben immer wieder bedeutsam).

Meine Großeltern schafften die Flucht. Sie schlugen sich auf abenteuerlichen Wegen durch das zerstörte, zerbombte, hungernde Deutschland, von Süden her, denn Aussig liegt weit im Süden, zu meinen Eltern nach Eckernförde, weit im Norden, in Schleswig-Holstein, durch.

Meine Mutter Erna

Ich muss – will – nun mal erzählen, was ich so von ihrer Familie, ihrer Kindheit weiß, denn wie sie geworden ist, erklärt ja zu einem großen Teil, wie sie sich später verhalten hat – besonders mir als kleinem Mädchen, als Teenager, als junger Frau gegenüber. Denn auch ich bin ja heute in mancherlei Beziehung so, wie mich diese frühen Jahre meiner Kinder- und Teenagerzeit geprägt haben.

Meine Mutter wurde am 27.11.1914 in Birnai an der Elbe als einziges Kind wohlhabender Eltern geboren. Ihr Vater, Martin Lieber, war der Besitzer einer Möbeltischlerei, eines Sägewerks, einer Villa und von Autos und

Dienstpersonal. Er verwöhnte meine Mutter über allen Maßen. Sie war sein einziges Kind.
In dieser für die Sudetendeutschen guten wirtschaftlichen Zeit, in der frühen Kindheit meiner Mutter, gehörte das Sudetenland gerade zur „Österreichisch-Ungarischen-Monarchie“, obwohl gerade der erste Weltkrieg tobte.

Dieser gute Zustand währte auch noch den ganzen ersten Weltkrieg hindurch (1914 – 1918).
Nach der Niederlage der Mittelmächte im Ersten Weltkrieg zerfiel der Staatenbund in viele Einzelländer. 1919 besiegelte der Vertrag von Saint-Germain-en-Laye das Ende der österreichischen Reichshälfte und wurde zur Tschechoslowakei.
Mein Großvater hatte seinen Betrieb durch all diese Wirrnisse hindurch ertragreich gesteuert, so dass es ihm und seiner Familie weiterhin finanziell sehr gut ging.
So ist meine Mutter mit achtzehn Jahren (1932) mit einem „Tatra Sport Cabriolet“, einem schicken roten Flitzer, durch Böhmen gefahren. Das, ein eigenes Auto mit achtzehn Jahren, war damals – besonders auch noch für

eine junge Frau – sehr ungewöhnlich. Meine Mutter sagte immer, dass sie ein „Goldfisch“ gewesen sei, dass sie sich die Männer hätte aussuchen können – denn hübsch war sie außerdem, mit ihren grünen Augen und schwarzen Haaren und der tollen Figur bei nur 153 Zentimeter Größe.

Sie lernte in der Tanzschule in Aussig – wohin sie inzwischen mit ihren Eltern, in die Nähe der Firma, umgezogen war – ihren späteren Mann, meinen Vater, kennen.

Er, 180 Zentimeter groß, was damals sehr groß war (da wurden die Menschen mehrheitlich noch nicht so groß), schaute auf Klassenfotos und Militärgruppenfotos immer über alle Köpfe hinweg, blond und blauäugig.

Über Vaters Familie erzähle ich noch in einem anderen Zusammenhang. Nur so viel, dass Mutti ziemlich lange (sieben Jahre) auf ihn warten musste, denn erst musste Vater zwei Jahre zum tschechischen Militär, dann studierte er an der Deutschen Universität in Prag Maschinenbau und so wurde es erst 1938 etwas mit der Hochzeit.

Vater sagte später oft, wenn Freunde zu Besuch waren (halb im Ernst und halb spöttisch, denn der Hauptgrund nach Eckernförde zu gehen war natürlich die Arbeit im „Reich“), dass er deswegen so weit weg bis in den hohen Norden Deutschlands nach Eckernförde mit ihr gezogen sei, damit sie aus der Verwöhn-Situation durch ihren Vater wegkam, denn der hätte sie beizeiten öfter „mal übers Knie legen sollen“, wenn sie mal wieder ihren Kopf durchzusetzen versuchte und „strampelte“.

Ich habe gelesen, dass ein Paar, wenn es heiratet, einen sogenannten „ungeschriebenen Ehevertrag“ abschließt, und dieser beinhaltete bei meinen Eltern offenbar, dass mein Vater meiner Mutter wohl versprach, dass er es ihr immer so gut gehen lassen würde, wie sie es zu Hause bei ihren Eltern gehabt hatte, dass er sie beschützen und auf Händen durchs Leben tragen würde.

Schließlich hatte sie sich ja diesen „Akademiker mit Aussicht“ aus der Schar der möglichen Heiratskandidaten erwählt und so lange auf ihn gewartet. Dieses „Versprechen“ war wohl auch der Grund, warum mein Vater meine

Mutter aus dem hungernden Deutschland zu sich in das für deutsche Spezialisten relativ „satte" Russland holte. Und meine Mutter ging lieber mit Kind und Kegel (ihren Eltern und uns zwei kleinen Kindern) in das fremde Land zu ihrem Mann, als sich im Nachkriegsdeutschland alleine durchzuschlagen. Und … Vater hat ihr sein ganzes Leben lang diesen Status geboten – hat sein „Versprechen" eingehalten.

Sie hatte immer Kindermädchen und Putzhilfen. Im Krieg waren das „BDM-Mädels" (Mitglieder im Bund Deutscher Mädel). Dieser Bund Deutscher Mädel war in der Zeit des Nationalsozialismus der weibliche Zweig der Hitlerjugend (HJ). Darin waren im Sinne der totalitären Ziele des Nationalsozialistischen Regimes die Mädchen im Alter von vierzehn bis achtzehn Jahren organisiert, aufgrund der ab 1936 gesetzlich geregelten Pflichtmitgliedschaft aller weiblichen Jugendlichen, sofern sie nicht aus „rassischen Gründen" (zum Beispiel als Juden) ausgeschlossen waren.

Da aber auch das Kinderkriegen – „das Volk braucht Soldaten" – gefördert wurde, erhielten junge Mütter zur Betreuung ihrer Kinder für ein Jahr eine zugewiesene BDM-lerin Da meine Eltern nur zwei Kinder hatten und diese Zuweisung eines Kindermädchens erst ab dem dritten Kind (und damit für Trägerinnen des „Mutterkreuzes") galt, ist wohl die Tatsache, dass Mutter diese Unterstützung trotzdem bekam, dem Umstand zu verdanken, dass mein Vater nicht nur NSDAP-Mitglied, sondern auch ein Mitglied der Waffen-SS war.

Das Ehrenkreuz der Deutschen Mutter, kurz Mutterkreuz genannt, wurde am 16. Dezember 1938 per Verordnung von Adolf Hitler gestiftet. Die Eingangsworte dieser Verordnung lauteten: „Als sichtbares Zeichen des Dankes des Deutschen Volkes an kinderreiche Mütter stifte ich das Ehrenkreuz der Deutschen Mutter."

So wurden mein Bruder und ich also in unseren ersten Lebensjahren von solchen ideologisch ausgerichteten jungen Mädchen betreut und erzogen. Später dann, in Russland, hatten wir eine Babuschka – Marusja, die besonders auch im Haushalt half und auf mich, als ich noch nicht in der Schule

war, aufpassen sollte. Was sie nicht immer so toll gemacht hat, wie aus einigen Geschichten dieser meiner frühen Russland-Jahre hervorgehen wird, aber – sie war lieb und mütterlich und hat mir sehr gutgetan.
Warum meine Mutter und ich uns sehr bald nicht mehr so gut verstanden, lag daran, dass ich für mich einen ganz anderen Lebensentwurf hatte – als Mädchen (Pionier, selbstständig sein) und als Frau (selber einen Beruf lernen und finanziell auf eigenen Füßen stehen). Diese unterschiedliche Sicht auf das Leben einer Frau führte immer wieder zu heftigen Auseinandersetzungen, die meist darin gipfelten, dass meine Mutter ziemlich hilflos zu mir sagte: „Männer mögen keine Frauen, die so viel lernen, so klug sind." (Blaustrumpf genannt). Und später dann: „Kind, du arbeitetest zu viel." Für sie war es unvorstellbar, dass ich mich alleinerziehend selber durchs Leben brachte.

Mein Vater Kurt

Er wurde am 2. 8. 1912 in Hermersdorf/Böhmen geboren. Sein Vater, Josef, war Dorfschullehrer mit strengen preußischen Erziehungsansichten und -methoden (schwarze Pädagogik = Erziehungsmethoden, die mit Gewalt, Einschüchterung und Liebesentzug arbeiten) – die mein Vater später an uns Kinder eins zu eins weitergab.

In den ersten vier Schuljahren ging mein Vater bei seinem Lehrer-Vater in die Schule. Sie wohnten auch im Schulhaus. Vater erzählte immer, dass er das Treppengeländer in das Schulzimmer hinunterrutschen konnte, sich dabei aber nicht von seinem Vater dabei erwischen lassen durfte, sonst gab es Schläge. „Großvater war der Ansicht, dass sein Kurt nicht zu viel gelobt werden dürfe, sonst bliebe er faul, und er gab ihm immer eine Zensur

schlechter, als es seine tatsächlichen Leistungen waren, damit ihm niemand vorwerfen könne, dass er seinen eigenen Sohn vorziehen würde."
Sein Vater wurde im ersten Weltkrieg als Soldat eingezogen und kam erst Jahre später aus russischer Kriegsgefangenschaft zurück. Da war mein Vater neun Jahre alt, so dass sein Bruder, Hermann, erst geboren wurde, als mein Vater schon zehn Jahre alt war.
Seine Mutter überlebte diese späte Schwangerschaft und Geburt nur um ein halbes Jahr, so dass Vater früh Halbwaise wurde.
Doch es kam noch schlimmer, denn sein Vater hat sich wohl mit den Tschechen überworfen, war „aufrührerisch" gegen sie und wurde als „Aufrührer" verurteilt und nach Theresienstadt ins Lager deportiert – dort ist er elendig umgekommen und liegt heute in einem Massengrab auf dem dortigen Friedhof. Das alles war aber noch vor der Nazizeit, es waren die Tschechen, die meinen Großvater inhaftierten und durch die schlechten Lagerbedingungen zu Tode brachten.
Die Kinder Kurt und Hermann wurden in Tschischkowitz, einem kleinen Ort in Böhmen, von etlichen dort lebenden Tanten und Onkeln aufgezogen, denn die beiden waren ja sehr früh Vollwaisen geworden.
Und doch schaffte es mein Vater, dass er mit fünfzehn Jahren (1927) an die Höhere Staatsgewerbeschule in Aussig kam, wo er 1931 mit Auszeichnung maturierte (das Abitur machte). Anschließend studierte er an der Deutschen Technischen Hochschule in Prag. Dort legte er 1936 (mit 24 Jahren) die zweite Staatsprüfung mit Auszeichnung ab, was zu seiner Anerkennung als Diplom-Ingenieur. führte.
Danach musste er aber erst noch zwei Jahre zum tschechischen Militär.
Wenn ich so diese – aus meiner Sicht harte – Kinderzeit meines Vaters noch einmal auferstehen lasse, dann wundert mich seine Härte und Strenge, die er später uns Kindern gegenüber zeigte, nicht. Er kannte es aus seiner eigenen Kindheit nicht anders und, wie er immer sagte, diese Härte sollte uns anspornen, wir sollten nicht verweichlicht werden, und ihm habe das ja schließlich nicht geschadet.

Noch ein paar Sätze zu der Mutter meines Vaters, die so ganz anders gewesen sein soll. Mein Vater sprach immer sehr liebevoll von ihr. Sie hieß mit Vornamen Irma, wurde am 24.11.1881 in Königswald in Österreich geboren und starb eben viel zu früh.
Beruflich wurde mein Vater ab 1938 in der Torpedoversuchsanstalt erster Versuchsingenieur und nach einem Jahr Abteilungsleiter für Torpedo-Antriebstechnik und 1941 Marinebaurat.
Er erhielt als Auszeichnung das Kriegsverdienstkreuz 1. Klasse mit Schwertern. Dieses Kreuz wurde durch den Führer und Reichskanzler Adolf Hitler gestiftet. Verliehen wurde das Kreuz für Verdienste in der Kriegsführung – aber auch dafür, immer bessere heimtückisch mordende Tötungswaffen zu erfinden (selbst wenn man selber dabei nicht in Gefahr geriet, während andere Ritterkreuzträger im mörderischen Krieg ihr Leben jede Minute gefährdet und aufs Spiel gesetzt hatten).
Nach Kriegsende wurde Vater aus dem Militärdienst und aus seiner Arbeit entlassen. Das bedeutete: Arbeitslosigkeit, Hunger und Kälte, kein Geld, kein Essen für die Familie und sich selbst.

Wie Herr von Löwis für unser Leben in Russland ausschlaggebend wurde

Im Folgenden werde ich einigen Schriftverkehr wortwörtlich wiedergeben, da meines Erachtens nur so deutlich wird, wie es dazu kam, dass erst mein Vater und dann, mit Hindernissen, auch meine Mutter mit uns Kindern und den Großeltern nach Russland kamen.
Als erstes schrieb mein Vater an Herrn von Löwis, offenbar ein ehemaliger Kollege meines Vaters in der Torpedoversuchsanstalt in Eckernförde, der im Folgenden noch eine bedeutende Rolle bei dieser Auswanderung, bei diesem Strohhalm in Richtung „besseres Leben", spielen sollte.

Eckernförde, den 24.April 1946

Sehr geehrter Herr v. Löwis!

Durch Zufall erfuhr ich hier Ihre Adresse von Fräulein I. und hörte, daß Sie wieder in der Technik tätig sind. Ich bin hier seit meinem Ausscheiden aus der Torpedoversuchsanstalt, Ende Januar, bei einer Varietétruppe („Albrettis Bunte Bühne") als Geschäftsführer tätig, was einen als Ingenieur auf Dauer nicht befriedigen kann.
Ich bin daher auf der Suche nach einer Ingenieurtätigkeit und zwar, was Sie sicherlich verstehen können, nicht nach einem kurzfristigen, begrenzten Arbeitsgebiet, sondern nach etwas, was man auf- und ausbauen kann.
Die Chancen sind für mich hier oben im Norden praktisch gleich Null und so wende ich mich denn einmal an Sie um zu erfahren, wie es in Berlin mit der Arbeit aussieht. Bei der Firma, in der Sie selbst tätig sind, scheint es sich ja wohl nur um eine vorübergehende Konjunkturtätigkeit zu handeln oder haben Sie die Hoffnung auf einen vollkommenen Neuaufbau mit der Möglichkeit zu wissenschaftlicher Tätigkeit?
Es würde mich sehr interessieren von Ihnen darüber mal etwas zu hören, und ich wäre auch nicht abgeneigt, wenn es sich um eine ausbaufähige Tätigkeit handeln sollte, einmal bei Ihnen vorbeizuschauen.

Was mich bisher hier gehalten hat, ist meine Familie und mein bescheidenes Heim, das zur Heimstatt meiner aus dem Sudetengau ausgewiesen Schwiegereltern geworden ist. Nun bin ich aber entschlossen, doch den Wanderstab zu nehmen und auch eine kürzere oder längere Trennung von den Meinen in Kauf zu nehmen, wenn ich damit wieder in einen Beruf kommen kann. Schwierig ist es ja zurzeit nach Berlin zu kommen, sonst würde ich mich bald auf den Weg zu Ihnen machen.
So bitte ich Sie mir einmal kurz zu schreiben, wie Sie die Lage beurteilen und ob eine derartige Exkursion Ihrer Meinung nach einem Sinn hat. Einige meiner engsten und besten Mitarbeiter sind übrigens in der gleichen Lage wie ich und ebenfalls bereit auf einer ernährungs- und bezahlungsgünstigen Basis von unten anzufangen. Ich möchte daher noch mal abschließend an Sie mit der Bitte herantreten, mir mitzuteilen, wie Sie die Lage in Berlin beurteilen und welche Chancen Sie sehen. Ihre Antwort recht bald erwartend, grüßt Sie herzlichst
Ihr Kurt Lawitschka.

Herr v. Löwis schrieb meinem Vater folgenden Brief zurück:

Berlin-Karlshorst, den 27.Mai 1946

Sehr geehrter Herr Lawitschka!

Ich bedaure es sehr, daß Ihr Kommen sich durch die nochmalige Korrespondenz verzögert, nach Rücksprache mit meinem Arbeitgeber hat man mir zugesagt, alle die Schwierigkeiten, die Sie auf Grund Ihrer seinerzeitigen Partei-Zugehörigkeit befürchten, aus dem Wege zu räumen.
Weiterhin besteht für Sie die Möglichkeit, wie bereits im Telegramm angedeutet, gleich die Familie mitzubringen. Ich persönlich würde Ihnen jedoch raten, zunächst alleine zu kommen, um die Unterbringung vorzubereiten und Ihre Angehörigen ein oder zwei Wochen später nachkommen zu lassen. Sollte es Ihnen dann hier nicht zusagen, sind Sie durch einen voreiligen

Umzug der Familie nicht behindert, würden Sie dieser bitte meine besten Empfehlungen übermitteln.
In der Hoffnung auf eine baldige gute Zusammenarbeit bin ich mit freundlichen Grüßen
Ihr v.Löwis

Und das war dann der Anfang unserer Übersiedlung nach Russland – damit waren die Würfel gefallen, auch für mich damals knapp dreijähriges Kind, das schon einiges Chaos im Leben hinter sich hatte und zum Zeitpunkt dieser elterlichen Auswanderungsüberlegungen noch mit Typhus in der Tschechoslowakei im Krankenhaus war.
Nun sollte es also wieder in eine fremde Umgebung, Kultur, Sprache gehen, wobei ich von diesen bevorstehenden Umbrüchen in meinem Leben ja noch gar nichts ahnte. Jedenfalls folgte mein Vater dem Rat Herrn von Löwis', sich bei den Russen als Spezialist zu bewerben.
Meine Mutter wusste sich daraufhin keinen anderen Rat, als mich aus dem Krankenhaus in der (nun wieder) Tschechoslowakei zu „entwenden“, nach Eckernförde zu bringen und dann, mit mir und meinem Bruder und mit ihren Eltern, dem Ehemann, meinem Vater, in die Sowjetunion zu folgen.
Dieses stellte sich jedoch erst mal als ein schwieriges Unternehmen heraus. Denn Vater war ja dem Rat von Herrn v. Löwis gefolgt und schon mal mit einem großen Treck von deutschen Spezialisten in die Sowjetunion gereist; und der Nachzug von Mutti mit uns Kindern und den Großeltern ließ sich doch nicht so arrangieren, dass wir gleich mitgefahren wären.
Die Korrespondenz meiner Eltern in dieser aufregenden, ungewissen Zeit – Mutti noch in Eckernförde, Vati im Aufbruch, unterwegs und angekommen im fernen Russland – ohne uns, noch lange ohne uns: Den Briefen kann ich entnehmen, kann spüren, was dieser Umzug in getrennten Abläufen für die Eltern für eine Belastung bedeutete.
Den ersten Brief hat Vater am 21.10.46 an Mutti in Eckernförde geschrieben:

Geliebtes Muttilein!

Heute Nacht hat sich die Lage hier von Grund auf geändert. Unsere Firma wird heute Mittag verlagert und ich mit. Wenn du hierher umziehst, dann wirst du in meiner alten Wohnung in Berlin einen Brief vorfinden mit Geld und mit Adressen, an die du dich wenden sollst, damit ihr alle fünf mir nachgesandt werdet.
Die Umzugsgenehmigung wird dir noch zugeschickt werden und dann hoffe ich, daß wir endlich bald beisammen sein werden. Wie lange wir bleiben, ist nicht klar, doch mindestens fünf Jahre. Denke an unseren Wunsch, bald beisammen zu sein, und komme bald nach. Für Oma und Opa ist es wohl am besten, wenn sie auch mitkommen, denn da erwartet sie ein Leben ohne Hunger und Sorgen und in der Fremde sind sie so und so.
Alle anderen kommen ebenfalls mit, so daß mehr Frauen und Kinder da sind.
Ich würde dir gern alles näher erklären, aber die Zeit reicht nicht mehr. Hoffentlich sehen wir uns recht bald gesund wieder und haben eine glückliche Zeit vor uns. Es küßt dich und die Kinder in banger Sehnsucht

Euer Kurt

Ich habe inzwischen herausgefunden, dass an diesem Tag, an dem Vater „verlegt“ wurde, zweihundert deutsche Spezialisten-Familien von den Russen „eingesammelt“ und mit allem Hausrat, allen Möbeln und allen Angehörigen in einem langen Eisenbahn-Treck nach Russland gebracht worden sind. Das heißt, dass das bei denen ganz anders war, die sind wirklich verschleppt worden, während Vater und später auch Mutter völlig freiwillig in die Sowjetunion gereist sind.
Der nächste Brief von Vater an Mutter ist von seinem Abfahrtsort in Erkner bei Berlin:

Geliebtes Muttilein!

Nun sind wir zwanzig Stunden hier in Erkner gestanden, gut bewacht und ohne die Möglichkeit sich zu entfernen. Und nun wird es gleich weitergehen. Ein Zug mit an die hundert Wagen. Viele Familien mit Kind und Kegel und wie glücklich wäre ich, euch auch bei mir zu haben. Doch hat man mir fest versprochen euch nachzubringen und ich hoffe fest darauf, daß es klappt und wir uns ganz bald wiedersehen.
Diese Hoffnung läßt mich alles leichter nehmen und wir schmieden schon die tollsten Pläne für unsere Kolonie. Wenn du nicht alles mitnehmen kannst, dann überlege gut, was du nimmst. Doch hoffe ich ja, euch mit Sack und Pack begrüßen zu können und dich wieder in meine Arme zu schließen. Und dann sind wir ja erst mal für die nächsten fünf Jahre versorgt. Und was dann wird, das wird sich ja zeigen. Also Muttilein, komme bitte bald nach und es wird überglücklich

Dein Kurt

Den nächsten Brief bekam Mutti dann schon aus Russland – und sie selber saß immer noch in Altenhof bei Eckernförde fest, wo die Eltern nach dem „Rauswurf" aus unserem Haus in Eckernförde Unterkunft bekommen hatten. Von einer Umzugsgenehmigung aus der Englischen Besatzungszone in die Russische Besatzungszone und damit der Möglichkeit, ihrem Mann nach Russland zu folgen, war bislang noch nicht die Rede.
Der nächste Brief von Vater kam also schon aus dem russischen Sestroretzk bei Leningrad.

Sestroretzk, den 1.11.1946

Liebes Muttilein!

Ich habe die Hoffnung, daß Dich dieser Brief nicht mehr erreicht und Du bereits mit Sack und Pack hierher unterwegs bist. Wir sind am 23.10.1946 von Berlin abgefahren und am Montag, den 28.10. hier eingetroffen. Die

Fahrt in einem Sonderzug, an dem die Güterwagen der Familien mit den Einrichtungen hingen, hinten dran. Erst ging es bis Insterburg in deutschen Wagen zweiter Klasse und von dort, wo das ganze Mobiliar umgeladen wurde, in russischen Schlafwagen weiter hierher.
Neben einem großen Lebensmittelpaket von rund vierzig Kilogramm, mit Speck, Wurst, Schokolade, Kondensmilch, Früchten und vielem mehr, gab es täglich einmal warmes Essen und früh und abends heißes Wasser für Tee oder Bohnenkaffee, was man sich aus dem Paket leicht kochen konnte. Frisches Brot gab es, so viel man wollte.
Umladen und Gepäcktragen geschah durch russische Soldaten. Wichtig war nur, sich Eimer, Essgeschirr und dergleichen mitzunehmen. Außer einigen Möbelbeschädigungen ist bei den anderen Mitreisenden alles heil angekommen.
Der jüngste Reisende war vierzehn Tage alt, der älteste siebenundachtzig Jahre und im Ganzen befinden sich über ein dutzende Kinder und an zwanzig Frauen bei der Gruppe, die insgesamt rund sechzig Personen umfaßt. Der Großteil sind sehr nette Menschen, mit denen es sich sicherlich gut zusammenleben lassen wird.
Hier sind wir zunächst in einem Marineerholungsheim in Sestroretzk untergebracht, sehr sauber und ordentlich bei ausreichender Verpflegung. Der Ort selbst, ein Vorort von Leningrad, ist eine Sommersiedlung des früheren Petersburger Adels. Holzvillen und Kiefernwald an einem prächtigen Sandstrand gelegen. Vorortverkehr nach Leningrad, wo wir viel Kulturelles wie Theater, Konzert und anderes sehen und hören können, so daß man auch in diese Richtung alles Notwendige hat. Kaufen kann man hier praktisch alles, wenn auch die Dinge relativ teuer sind (am freien Markt). So kostet ein Pfund Bohnenkaffee zweiundzwanzig Rubel (vierundvierzig Reichsmark), ein Ei vier Rubel, fünfzig Kopeken (neun Reichsmark), eine Tafel Schokolade fünfundvierzig Rubel (neunzig Reichsmark) usw., während die uns zugeteilten Dinge ähnliche Preise haben wie in Deutschland. Unser endgültiges Gehalt liegt noch nicht fest, doch habe ich als Reisekosten sechstausend Ru-

bel (zwölftausend Reichsmark) erhalten und die Monatsgehälter sollen noch höher liegen, so daß man hier bestimmt anständig leben kann. Briefe und Geld sollen wir überallhin schicken können, so daß man für Opa und Omi und für meine Tschischkowitzer Verwandten sicher einiges von hier aus tun kann, falls sie sich nicht entschlossen haben sollten hierher mitzukommen. Der Aufenthalt hier ist nicht als endgültig vorgesehen. Im Frühling sollen wir nach der anderen Seite Leningrads, nach Oranienbaum, ebenfalls ein Badeort, in das Palais des Fürsten Menschikow, das „Große Schloß" (Bolschoi Dworetz) verlegt werden.

Mein einziger Wunsch wäre, Dich und die Kinder hier zu haben, dann würde ich mich hier ganz wohl fühlen können, während allein die Sehnsucht nach dir und den Kleinen an mir nagt und die Sorge, wie und wann ihr zu mir kommt, mir das Leben verbittert. Man hat mir versprochen, Euch unter allen Umständen herzubringen und ich hoffe und hoffe, daß alles bald geregelt ist und Ihr hier bei mir aufkreuzt. In Sehnsucht nach Dir und den Kleinen umarmt und küßt dich

Dein Kurt.

Diesem Brief ist sehr detailliert zu entnehmen, was meinen Vater dorthin gelockt hatte – es war eindeutig das gute Leben, denn im zerstörten Deutschland herrschten zur selben Zeit Wohnungslosigkeit, Hunger, Arbeitslosigkeit und Armut, und das hier hörte sich doch wie das reinste Schlaraffenland an.

Nun Endlich bekam Mutti dann mit Datum vom 2.11.46 ein Telegramm:

AN FRAU ERNA LAWITSCHKA, FRENZENSTR. 18 ALT (Altenhof) 24 ECKERNFOERDE
UEBERSIEDLUNG NACH BERLIN ERWUENSCHT STOP
FUER VERPFLEGUNG UND UNTERKUNFT WIRD GESORGT STOP
ERWARTEN TELEGRAFISCHEN BESCHEID

RUSSISCHE MILITAEBEHOERDE GRUPPE MISCHKE
KARLSHORST JUNKER JOERGSTR. 9
WERNER MISCHKE

Doch ich weiß, dass die endgültige Übersiedlung unserer Restfamilie dann doch erst im Februar 1947 erfolgte. Es gibt da noch einen Brief meines Vaters an meine Mutter, der sehr lang ist und den ich nur in den wesentlichen Abschnitten hier zu Wort kommen lassen werde:

Sestroretzk, den 8.1.1947

… ich hoffe, daß Ihr aus dem ganzen Berliner Schlamassel bald herauskommen werdet …
(also war Mutter zu dieser Zeit dann immerhin schon mit uns Kindern und den Großeltern von Eckernförde bis Berlin-Ost, gekommen)
… wenn Du in Berlin irgendwie Medikamente bekommen kannst (Piramidon, Aspirin, Eleudron, Pulsatilla, Ichtiolsalbe, Veramon, Tanalbin) über Fräulein Klinke, die in einem Krankenhaus arbeitet, dann bringe davon möglichst viel mit, weil diese Dinge hier schwierig zu haben sind …
Wir haben hier eine gute Kameradschaft, oft sehr nette Abende im kleinen Kreis netter Menschen, die Besuche in Leningrad und vieles mehr … wenn Du noch Zeit und Gelegenheit hättest, wäre es nicht schlecht, wenn Du Dich mit Stenografie befassen würdest … und nun will ich mein Schreiben schließen und hoffen, daß es Euch alle gesund und guten Muts findet. Küß mir meine beiden Kleinen, nach denen ich mich schon wahnsinnig sehne, und erzähle ihnen ab und zu etwas von ihrem Vati, der viel an sie denkt und sich auf die Zeit freut, wo er ihnen die Schnäbel voll Schokolade stopfen wird. Grüße mir Opa und Omi auf das herzlichste und sage Opa, daß es

hier Zigaretten, Zigarren und Tabak nach Herzenslust gäbe und er seine Pfeife nicht vergessen solle ....

Wann genau wir dann alle fünf mit dem Flugzeug von Ostberlin nach Leningrad geflogen sind, weiß ich nicht, doch es war auf jeden Fall Anfang 1947, dass ich mit dreieinhalb Jahren dort in der Nähe von Leningrad „landete".

Diese „sogenannte Verschleppung“ – ein völlig freiwilliges Reisen in die UdSSR

Ich will versuchen, die Zeiten näher zu beschreiben, die damals herrschten und die meine Mutter meinem Vater folgen ließen – zusammen mit uns Kindern und den Großeltern, denn damit fing ja auch mein Leben als späteres „Russenkind“ an.

Millionen Menschen waren zum Ende des Krieges auf der Flucht aus dem Osten in den Westen, und wir, wir gingen freiwillig vom Westen in den Osten.

Die Engländer regierten nach Kriegsende als sogenannte Besatzungsmacht den Teil Schleswig-Holsteins, in dem Eckernförde liegt. Mein Vater war in der NSDAP und bei der Waffen-SS gewesen und er hatte Torpedos entwickelt. Daher stellten die Engländer ihn an, damit er beim Abbau, der Abwicklung und der Schließung der Torpedoversuchsanstalt mitwirkte, und ihnen in der nächsten Zeit alle Unterlagen über den Stand der Torpedoentwicklung übermittelte, an der er mitgearbeitet hatte – sie ihnen „verraten“ sollte. Da wurden wir von der Gemeinde, den neuen „Stadtvätern“ in Eckernförde, aus unserer Wohnung geworfen – buchstäblich hinausgeworfen, denn aller Hausrat, alle Möbel wurden auf die Straße gestellt, und wenn nicht die befreundete Familie der Baronin von Herzogenberg uns in ihrem Gut aufgenommen hätte, wer weiß, was uns dann noch alles passiert wäre.

Gut Altenhof, aus dem 18. Jahrhundert, liegt im Ort Altenhof bei Eckernförde in der Nähe der Eckernförder Bucht. Heute sind von der ursprünglichen Anlage, wenn auch im Einzelnen verändert, das Herrenhaus mit den Nebengebäuden und die Linden auf dem Vorplatz erhalten geblieben. Das Gut befindet sich im Besitz der Familie von Bethmann-Hollweg und wird landwirtschaftlich genutzt. Es gibt dort eine bedeutende Porträt-Sammlung und eine wunderbare Innenausstattung zu sehen: Tapisserien, Stuckdecken, Kamine, Porzellangegenstände und außerdem eine reich ausgestattete histo-

rische Bibliothek. Das Besondere an Gut Altenhof ist, dass es sich bereits seit dreihundert Jahren in Familienbesitz befindet, das können in Schleswig-Holstein nur ganz wenige Gutshäuser von sich behaupten.
Also hier lebten wir, Mutti, Peter und die Großeltern und am Anfang auch noch Vater – von Mitte 1945 bis Anfang 1947.
Vater hatte ja seine Arbeit in der Torpedoversuchsanstalt verloren und hörte, wie ich schon ausführlich dokumentiert habe, im Mai 1946 über einen Bekannten, seinen früheren Kollegen aus der Torpedoversuchsanstalt Herrn von Löwis, dass die Russen Torpedospezialisten suchten, die sie auf fünf Jahre verpflichten und gut bezahlen würden. Die Anwerbung der Spezialisten geschah in Berlin-Karlshorst – Russischer Sektor – durch die dortige Militärverwaltung. Deshalb fuhr Vater also nach Berlin und bewarb sich um eine solche Stelle in der UdSSR[1]. Man hatte ihm zugesagt, dass er auch die Familie mit allem Hab und Gut werde mitnehmen können. Mutti war aber mit uns Kindern immer noch in Eckernförde – Englischer Sektor – und es begann eine für die Eltern stressige, ungewisse, angstvolle Zeit um den Nachzug von Mutti und uns Kindern.
Wir Kinder haben davon gar nichts oder zumindest nur sehr wenig mitbekommen, denn uns ging es auf dem Altenhofer Gut ja richtig gut für die schlechten Zeiten, die damals herrschten – im Winter nicht genug Heizmaterial, wenig zu essen, alles nur auf Lebensmittelmarken. Wir aber konnten frei herumtoben, spielen – auch zu essen gab es dort für uns genug.
Es war großes Pech, dass Mutti mit uns Kindern und den Großeltern zu spät in Berlin ankam, um mit dem Gesamttreck von allen zweihundert Spezialisten und ihren Familien direkt mit nach Russland zu reisen. So war es bis zum Zeitpunkt der Übersiedlung für Mutti und ihre Familie noch eine extrem unsichere, beängstigende, außerdem verpflegungs- und wohnungsmäßig relativ entbehrungsreiche Zeit. Über vier Monate hat diese Ungewissheit noch gedauert.

1 UdSSR:Union der Sozialistischen Sowjet Republiken

Vati aber beschrieb in seinem Brief die gute Verpflegung, die Wärme (es war ein eiskalter Winter) und das große Fresspaket. Dazu muss man wissen, dass Ende 1946 die Versorgungslage in Deutschland, in diesen ausgebluteten, ausgebombten Land, extrem schlecht war und die Menschen hungerten und froren. Da war die Aussicht auf Russland als „Schlaraffenland für Spezialisten" eine große Verlockung.
Warum hat sich mein Vater – abgesehen davon – überhaupt von den Russen anwerben und anstellen lassen?
Warum hat er in Kauf genommen, dass die ganze Familie dort Jahre in einem völlig fremden Land mit fremder Sprache, fremder Schrift und fremden Gewohnheiten verbringen musste?
Das kann ich natürlich so lange Zeit später – meine beiden Eltern sind längst verstorben – nur anhand von Indizien, Unterlagen, Erinnerungen und Vermutungen rekonstruieren.
Ich hatte inzwischen unter anderem an die „Entnazifizierungsstelle" in Schleswig geschrieben und um Einsicht in Vaters Entnazifizierungsakte gebeten, doch – die gab es gar nicht. Also lag die Vermutung nahe, dass er diesen Schritt gemacht hatte, um der Entnazifizierung als NSDAP-Mitglied und SS-Mann zu entgehen – die Entnazifizierung war ein unbedingtes „Muss" im besiegten und besetzten Deutschland –, aber wohl auch, weil es in Deutschland für ihn mit seiner Nazivergangenheit – und auf lange Sicht hin generell – keine Arbeit in seinem Beruf als Diplom-Ingenieur geben würde.
Ich durfte die Schönheit der Natur und die Schönheit von zaristischen Bauwerken und Parkanlagen von klein auf einatmen, auch wenn oder vielleicht gerade deswegen diese Schönheit nach dem schrecklichen „Großen Vaterländischen Krieg", wie die Russen den zweiten Weltkrieg nennen, Park und Schloss sehr verwahrlost und heruntergekommen waren. Vom Prunk der zaristisch ausgestatteten Räume, von kostbar ausgelegten Parkettfußböden, Ölgemälden, samtenen Gardinen, Ziergefäßen, leichtfüßigem Rokokomobiliar, war nichts mehr geblieben – eher graue Funktionalität und Gitter vor

den Fenstern, wie in einem Gefängnis und doch … für mich, für uns Kinder war dieses Leben im „Bolschoi Dworetz“ (Großes Schloss) von Oranienbaum, am Finnischen Meerbusen (ein Arm der Ostsee), eine Kindheit, wie sie viele Kinder im Nachkriegsdeutschland nicht hatten.

Das Schloss und der Park

Unsere Wohnung, am Ende des einen langen Seitenflügels mit seinen Kolonnaden, war, mit der großen Eingangshalle, von der drei Wohnungstüren abgingen, ebenfalls ein Spielparadies. In dieser Halle (Diele) stapelten sich in der Mitte die Umzugs-Kisten und -Kasten von drei Familien bis an die Decke. Hier bauten wir Kinder uns Höhlen, Rückzugsräume – spannende Kulissen für Abenteuerspiele.

Der Seitenflügel

Eine Wohnungstür führte zu einem älteren Ehepaar ohne Kinder, dafür aber mit einem Rauhaardackel, der allerdings ein „Kinder-Hasser" war und uns immer nur giftig ankläffte.
Eine weitere Tür führte zu einer Familie mit zwei Töchtern. Dorli, zwei Jahre älter als ich und genau so alt wie mein Bruder, und Witti, die ein Jahr älter als ich war. Ich also war in diesem Wohnbereich das jüngste Kind. Ich ging abends nach dem Abendbrot oft noch zu einem kleinen Spielchen zu diesen Nachbarkindern, schlief dann dort aber oftmals ein, so dass mein Vater mich dann schlafend die wenigen Schritte in unsere Wohnung hinübertragen konnte.

Einmal lief mir beim Spielen im Innenpark des Schlosses ein kleines getigertes Kätzchen zu, das ich freudestrahlend mit nach Hause nahm. Doch Vater konnte Katzen nicht leiden und Mutter meinte nur abfällig: „Die sind falsch, die kann ich auch nicht leiden“. Und deswegen sagten alle beide: „NEIN!“ Da versteckte ich das kleine Kätzchen in dem Umzugskistenstapel in der Halle. Es gelang mir, das zwei Wochen lang geheim zu halten, doch dann flog ich auf mit meinem Geheimnis. Es gab ein furchtbares Donnerwetter, ich sollte das Kätzchen sofort wieder weit weg aussetzen! Doch es kam immer wieder hinter mir her – war einfach nicht abzuschütteln, bis Vater sich „geschlagen“ gab und mir endlich erlaubte, es zu behalten. Natürlich mit der Auflage, dass ich seine Pflege, besonders aber das Sauberhalten des Katzenklos, übernehmen musste. Was ich gerne zusicherte.
Inzwischen war klar, dass das „Es“ ein Kater war, der sich in der Folgezeit zu einem großen starken Exemplar auswuchs und den Namen: „Murr“ bekam, nach einer Geschichte: „Lebens-Ansichten des Katers Murr“ von E. T. A. Hoffmann. Ein sprechender Kater. Wie passend, denn für mich war dieser Kater ein wirklicher Freund, ein mich verstehender und zu mir in seiner Katzensprache sprechender Freund.
Das besondere aber an dieser Kater-Geschichte ist, dass der „Kater Murr“ sehr bald ein – auch vom Vater – geliebtes Familienmitglied wurde. Murr holte uns sogar vom Oranienbaumer Bahnhof ab, etwa einen Kilometer vom Schloss entfernt, wenn wir von einem Ausflug nach Leningrad zurückkamen.

Kater Murr

Da es sich beim Kater Murr um ein wichtiges Familienmitglied in unseren Russlandjahren handelte, beschreibe ich jetzt mal, was Vater vierzig Jahre nach dem Einzug von Kater Murr in unsere Familie, in einer von ihm verfassten Geschichte, verklärend schrieb:

Als ich den Kolonnadengang entlang ging, sah ich als dunkle Silhouette gegen die Sonne, halb von einem Pfeiler verborgen, unsere kleine vierjährige Tochter Heidi in ihrem weißschwarzgefleckten Kaninchenfellmäntelchen. Die Kapuze war ihr in den Nacken gerutscht und das von der Sonne durchleuchtete verstrubbelte Haar sah aus wie ein Heiligenschein. Sie hielt etwas in ihren kleinen Händchen, und als ich bei ihr war, richtete sie ihre Augen

flehentlich zu mir empor und sagte: „Vati, Vati, darf ich das Kätzchen behalten?“ Tränen liefen ihr über das Gesicht und ich erkannte in ihren kleinen Händen ein graubraunes schwarzgetigertes Kätzchen, welches das Mäulchen aufmachte und wie verstehend und die Bitte des Kindes unterstreichend kläglich maunzte.

Ich schluckte zweimal: einmal voll Rührung und einmal, weil ich meine von Kindesbeinen an existierende Aversion gegen Katzen überwinden mußte, was mir nicht leicht wurde. Ich strich Heidi übers Haar und fragte: „Wie soll es denn heißen, dein Kätzchen?“ Da strahlte das rosige Gesicht und sie sprudelte hervor: „Ich darf es behalten, wirklich behalten?“ und wuselte davon, so schnell sie ihre kleinen, bestiefelten Beinchen trugen. Als ich an die Tür des großen Vorflurs unserer Wohnung kam, hörte ich sie drinnen schon jubeln „Mutti, Peter, ich darf das Kätzchen doch behalten, Vati hat es erlaubt. Er will nur wissen wie es heißen soll.“ Aus dem Hintergrund kam die Stimme ihres Bruders Peter:“ Och, du mit deinem Kater Murr!“ Damit hatte das Kätzchen seinen Namen weg, und welch Wunder, es wurde auch wirklich ein Kater.

Nach dem Essen, das Kätzchen hatte ein Schälchen Milch bekommen, legte mir Heidi das Tierchen in den Schoß, wo es sogleich zu schnurren begann. Also wurde meine Katzenabneigung von ihm weggeschnurrt. Meine Frau erzählte mir dann noch, daß das Kätzchen schon vor vierzehn Tagen halb erfroren und verhungert von Heidi nach Hause gebracht worden war. Ich sagte ihr sofort, daß sie es nicht behalten könne – bekam aber mit, daß sie das Kätzchen in einer Kiste im Vorflur untergebracht hatte. Die Sägespäne für sein Geschäft habe es auch gleich genutzt. Und so kam nun diese „Toilette“ in unseren Wohnungsflur und das Futterschälchen in die Küche und ein Kissen an die warme Heizung. „Murle“ wie wir ihn auch zärtlich nannten, bewegte sich in seinem neuen zu Hause so souverän, daß er wohl direkt von einer der Hofkatzen Katharinas abstammen mußte. Dieser Zarin Katharina sagte man nach, daß sie eine große Katzenfreundin gewesen sei.

Gar bald wurde der „Mur`l" der Mittelpunkt und Liebling der ganzen Familie. Er war quicklebendig und immer zum Toben und Spielen bereit.

Vater beschreibt nun noch seitenlang, wie das drollige Kätzchen spielt – das überschlage ich mal, denn über den Schluss hat er leider in seiner Geschichte nichts geschrieben. Den will nun wieder ich erzählen.
Mutti musste mit uns Kindern 1953 schon – auf Anordnung der Russen nach Stalins Tod – mein geliebtes Oranienbaumer Schloss verlassen und in das von mir so ungeliebte Deutschland abreisen. Vater und der Kater Murr blieben allein in unserer Wohnung zurück und ab da war der Kater Murr ihm der liebste Gefährte. Vater schrieb in einem Brief an uns:

Wenn ihr das nur sehen könntet. Kater Murr sitzt oben auf meinem Schreibtisch und verfolgt meine Hand, wie ich an Euch schreibe, als wollte er auch etwas dazuschreiben, ich soll euch also auch von ihm grüßen ..."

Und dann hatte er sogar seine Katzenpfotenspuren auf diesem Brief hinterlassen, seine Botschaft an uns, an mich, sein „Frauchen", das ihn hatte verlassen müssen.
Ich musste beim Lesen und Betrachten dieses Briefes schrecklich heulen, denn auch der Verlust meines Katers, neben dem Verlust meiner Heimat, tat mir furchtbar weh, machte mich sehr traurig. Kurz bevor Vater ein Jahr später zu uns nach Deutschland nachreisen durfte, bekam der Kater die Katzenstaupe und starb. Was vielleicht auch ein Glück war, denn Vater hätte ihn ja nicht mit nach Deutschland nehmen dürfen, und wer hätte ihn in Russland weiter liebevoll betreut?
Geblieben ist mir die liebe zu Katzen, ich hatte in meinem Leben bisher vier Katzen, von denen Murr der erste war. Danach kam Alfred, ein blauäugiger schielender Siam-Kater. Den bekam ich aus einem Katzenwurf von Freunden geschenkt, schon gleich mit diesem etwas ungewöhnlichen Namen versehen. Alfred war ein schlanker, kurzhaariger beigefarbener Kater mit schwarzen Ohren und schwarzer Schwanzspitze. Da er nicht kastriert

wurde, war er ein wilder Kämpfer und war wie der Kater Murr, holte sich bei Revierkämpfen so manche Narbe.

Eines Tages in einer wildstürmischen Mainacht hörte ich draußen vor meinem damaligen Haus in Heide lautes Maunzen, und als ich nachsehen ging, fand ich unter der Eibe, die vor unserem Haus stand, vier neugeborene Katzenkinder. Die hat uns eine Katzenfreundin von Alfred dort hingelegt und war verschwunden. So zog ich also vier schwarz-weiße Kätzchen mit der Flasche auf – vom Vater Alfred hatten sie nur das kurze Haar und die schlanke Körperform. Drei Kätzchen konnte ich in liebevolle Hände von Freunden verschenken und ein Katzenfräulein – „Micky" – behielt ich.

Als ich damals das Haus in Heide verkaufte, habe ich Alfred „mit verkauft", da Katzen lieber bei ihrem Haus, ihrem Zuhause bleiben und nicht so sehr am Menschen hängen. Er lebte dort mit den neuen Eigentümern noch viele Jahre.

Ich nahm Micky, die ja noch sehr jung war und noch nicht so sehr an diesem Haus gehangen hatte, mit in mein neues Zuhause in Rotenburg an der Wümme. Micky wurde zwölf Jahre alt und ihr folgte Salomon, ein weiterer Siam-Kater von meinen Freunden, die mir damals schon Alfred geschenkt hatten. Ja – das war meine mit Kater Murr in Russland begonnene lebenslange Freundschaft und Wohngemeinschaft mit Katzen.

Meine ersten Jahre in Russland

Über diese Zeit sind die Erinnerungen so eng verwoben mit den Erzählungen der Eltern, mit Fotos, und verwischt mit eigener, ausgestaltender Phantasie, dass ich oft nicht zu trennen vermag.
Ich, kleines Mädchen, noch nicht vier Jahre alt, fand mich nun nach der langen Trennung von den Eltern (Krankenhausaufenthalt in Tschechien), unversehens in einem weiteren, mir völlig fremden Land wieder, und man erzählte sich, dass ich lange gar nicht gesprochen habe, weder Deutsch, Tschechisch, noch Russisch, und dann, mit so etwa viereinhalb Jahren, hörte mein Vater mich (endlich!) in der Küche mich angeregt mit Marusja, dem russischen Kinder- und Haushilfsmädchen, unterhalten – „natürlich" auf Russisch.

Da hatte ich mich wohl aus dem Sprach- und Geborgenheitsverlust wieder herausgepuppt und im Folgenden, den nächsten sechs Jahren, blieb mir Deutsch immer die Fremdsprache und wurde Russisch, Russland, mein Zuhause, meine Welt, meine Heimat.

Bald wuchs ich aus der „Deutschen Kolonie" heraus (ca. zwanzig Familien mit Kindern wohnten in dem Schloss, mit Gittern vor den Fenstern und mit Stacheldraht vor Ausbrüchen abgesichert – sowie mit Maschinengewehrposten vor dem Tor), wurde, dank der Sprachfertigkeit und meines tschechischen (sudetendeutschen) Nachnamens ein „Russenkind", eine „Nemetzkaja Dewuschka"[2]. War beliebt bei meinen Schulfreundinnen, bei den Pionieren, stolz in meinem braunen Schulkleid mit der schwarzen Schürze an Werktagen und der weißen Schürze an Feiertagen sowie mit dem roten Pionierhalstuch.

2 Wörtlich: „Deutsches Mädchen"

Ja, die Schule und die Dazugehörigkeit zu den Pionieren, *das* war nach meiner Einschulung 1949 in die einklassige Schule, in der vier Jahrgänge in einem Klassenraum von *einer* Lehrerin unterrichtet wurden, für die nächsten vier Jahre mein Liebstes, mein Motor – hinaus in die Welt meines Russenkinddaseins.

Die Puppe Katharina

Weihnachten 1950, ich war sieben Jahre alt, bekam ich meine erste richtige Puppe geschenkt. „Richtige" Puppe deshalb, weil alle vorherigen Püppchen „Lappenpuppen" waren. Jetzt: eine sogenannte Celluloid-Puppe. Ich war überglücklich und schleppte sie fortan immer mit mir herum. Ich taufte sie auf den Namen „Katharina", denn in einem zaristischen Schloss, das Katharina hatte bauen lassen, musste eine Puppe, meine Puppe, einfach Katharina heißen, und natürlich sollte eine Tochter, wenn ich sie denn mal bekommen würde, ebenfalls diesen Namen erhalten. Daraus wurde leider nichts, denn ich bekam einen Sohn.

Die Puppe Katharina wurde meine liebste Freundin, ihr erzählte ich alles, was mich freute und was mich bekümmerte. So eine Art Erzähltagebuch.

Und wenn ich die heute siebzigjährige Katharina sachte schüttle, dann höre ich all diese Geschichten, Geheimnisse ganz leise entweichen und nur, wenn ich alte Frau mein Kinderherz weit öffne, dann erzählt sie mir, nur mir, von dem schrecklichen Sturz mit dem Dreirad, bei dem ich mir die Vorderzähne, meine ersten zweiten Zähne (alle anderen Zähne waren noch Milchzähne) angeschlagen habe.

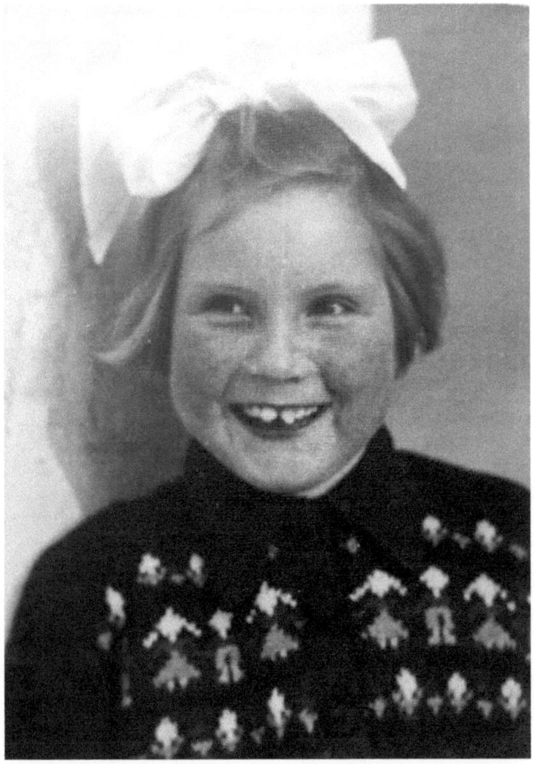

Sie erzählt mir von dem grauenhaften Schmerz und der jahrzehntelangen seelischen Blessur, dass ich so hässlich sei – immer mit der Hand vor dem Mund lachte, damit keiner dieses mein schreckliches Zahnlückenlachen sehen konnte.
Aus Freundschaft und Sympathie hätte Katharina sich auch gern solche Zähne zugelegt – doch sie hatte ja nur einen aufgemalten, geschlossenen

Mund. Ja, sogar von der Vereiterung eines dieser Zähne würde sie erzählen – der russische Zahnarzt hatte beim Plombieren Watte drin gelassen und diese eiterte die nächsten acht Jahre vor sich hin. Erst als ich fünfzehn war, entdeckte ein Zahnarzt in Deutschland diesen Eiterherd, und es kam heraus, dass meine Herzprobleme, die ich zunehmend hatte, von der permanenten Vereiterung in meinem Körper her stammten. Es folgte eine Kieferoperation und mit achtzehn Jahren gab es dann Jacketkronen – doch mit offenem Mund, ein offenes, freies, Lachen, konnte und kann ich nie wieder lachen – das sitzt zu tief, dieses Verbergen-Müssen.

Eben erzählte mir Katharina noch eine sehr betrübliche Erfahrung an einem Nikolaustag. Denn in einem Jahr, da hatte ich doch tatsächlich – statt Äpfeln und Nüssen – Briketts, hässliche, rußige, schwarze Kohlestücke, in meinen rausgestellten Walenkis. Warum mich der Nikolaus damit bedachte, während mein Bruder, der eigentlich immer viel mehr „schlimme Sachen" anstellte als ich, Äpfel und Nüsse bekam, weiß ich nicht mehr. Katharina und ich wissen nur noch, dass es sehr schlimm war, so bestraft, gedemütigt zu werden.

Meine Ohnmacht gegenüber meinem Vater, der ja immer alles mit Auszeichnung gemacht hatte – wir würden heute sagen, er war ein Überflieger – hat sich tief in meine Seele gegraben. So passierte es eines Tages, dass ich Probleme mit Mitschülern in der Schule hatte, und aus Angst, von ihnen Prügel zu beziehen, hatte ich die Schule geschwänzt. Leider konnte ich mich meinen Eltern mit solchen Problemen nie anvertrauen, da hieß es dann nur: „Fass dich an deine eigene Nase“ – „Kehre vor deiner eigenen Tür“ – „Was du dir einbrockst, musst du auch wieder ausbrocken“ – und es gab keinerlei Unterstützung, weder mit Worten noch mit Taten und schon gar keinen Trost. Wenn ich Pech hatte, gab es sogar Strafen.
Was ich bei diesem Schuleschwänzen nicht wusste: Vater hatte mich am Vormittag im Ort herumstrolchen sehen, und als ich nach Hause kam, hat er mich wie immer gefragt; „Wie war es in der Schule?“ und ich habe ihm „natürlich“ einen ganz normalen Schultag beschrieben. Daraufhin explodierte er förmlich und schrie: „Nicht nur, dass du die Schule schwänzst, nun lügst du mir auch noch frech ins Gesicht!“ und – zack – gab es rechts und links saftige Ohrfeigen und die übliche Strafe, eine Woche Hausarrest nach der Schule.
Ich war so untröstlich, heulte mich bei Katharina ordentlich aus – denn ich hätte mir gewünscht, dass mein Vater mich gefragt hätte, *warum* ich die Schule geschwänzt hatte, dann hätte ich ihm von meinen Ängsten berichten können. So aber war ich doppelt bestraft, weil mich niemand beschützte, ich mich absolut unverstanden und ungerecht behandelt fühlte und nur Katharina meinen Schmerz teilte. Ich hatte in ihr eine beste Freundin. Eine Freundin aus Celluloid, mit zart aufgemaltem, immer freundlichen Gesicht, mit Armen und Beinen, die mit Gummis in ihrem hohlen Körper eingehängt waren und sie dadurch beweglich machten.
Für diese Puppe bekam ich zu den folgenden Gelegenheiten – Weihnachten und Geburtstage - immer ein neues Kleidchen, und so sitzt sie heute noch da, nach siebzig Jahren – ja, so alt ist meine Katharina inzwischen. Ich musste sie in dieser langen Zeit einmal zum Puppendoktor bringen, da die

Gummis durchgemorscht und Beine und Arme abgefallen waren. Auch das Gesicht war total verblichen, aber nun ist sie mit ihren siebzig Jahren so jung und schön wie damals, als ich sieben Jahre alt war. Sie ist nicht gealtert und hat in ihrem hohlen Körper und ihrem hohlen Kopf alle Geheimnisse bewahrt und niemals ausgeplaudert – wer kann das schon von einer besten Freundin sagen.

Ich will zu Katharina und den Bedingungen, unter denen wir in Russland lebten, noch eine Geschichte von dem Ballen karierten Flanellstoffs erzählen. Wenn also so etwas Tolles wie ein Ballen Stoff – wir lebten ja auf Marken, da die täglichen Nahrungs- und Gebrauchsgüter rationiert waren – im Laden erhältlich war, dann kauften die deutschen Familien immer gleich einen ganzen Ballen. So auch meine Eltern. Aus diesem Stoff wurde dann die ganze Familie mit Unterhemden und Unterhosen, mit Nachthemden und Schlafanzügen und die Männer sogar mit Oberhemden ausgestattet. Ich also auch und … ja, das ist das Allerbesonderste, meine Katharina bekam auch gelb-schwarz karierte Flanellunterwäsche, die sie heute noch sommers wie winters trägt, während ich für mich doch zu etwas zarterer und unauffälligerer Unterwäsche übergegangen bin.

Wenn Möbel erzählen könnten …

So muss denn ich ihre Geschichte erzählen. Der Geburtsort, die Geburtsstätte der Möbel, die uns, mich, Jahrzehnte lang von einem Ort zum anderen begleitet haben, von einem Staat in den anderen, von einem Land in das andere, das war die Möbelfabrik meines Großvaters Martin Lieber, Muttis Vater, in Aussig an der Elbe.

Meine Eltern bekamen zu ihrer Hochzeit im Dezember 1938 vom Opa die Möbel für das Schlafzimmer – ein mit Nussbaum furniertes riesiges Doppelbett, einen ebenfalls so furnierten viertürigen Kleiderschrank, die passende Frisierkommode mit großem dreiteiligem, Spiegel, damit man seine Frisur auch von allen Seiten und von hinten sehen konnte, einen Jugendstilspiegel mit hübschen eingravierten stilisierten Blüten und Ranken. Für ihr Wohnzimmer erhielten die Eltern ein Sofa (eigentlich eine Schlafcouch mit drei eingebauten Schubladen), das ich immer besonders liebte, da es auch jahrelang mein Bett wurde. Dieses Sofa nahm ich sogar noch mit in meine Wohnung im Kinderheim in Neumünster – also war es über dreißig Jahre auch mein Wegbegleiter. Das Wohnzimmer prunkte mit einem Couchtisch, einer mehrtürigen Bücherwand mit Glasscheiben in der Mitte, und einem massiven, im Ebenholz-Stil erschaffenen Schreibtisch, der später auch in Vaters Herrenzimmer in der Warschauer Straße in Ostberlin im Erker stand und sogar noch Vaters Herrenzimmer in der Blumentalstraße in Köln bevölkerte.

Diese „Herrenzimmer" meines Vaters waren absolut tabu für meinen Bruder und mich. Wenn Vater sich dahin zurückzog, sich darin verschanzte, hatten wir mucksmäuschenstill zu sein und gewissermaßen auf Zehenspitzen in der Wohnung herumzuschleichen. Später las ich über Thomas Mann, dass seine Möbel auch immer mitgezogen sind, und dass sein Arbeitszimmer, sein Herrenzimmer, für seine vier Kinder ebenso tabu war.

Etwas ganz Besonderes war in meinen Augen aber die Einrichtung des dritten den Eheleuten vom Großvater vermachten Zimmers, die sogenannte

„Bauernstube“. Ein massiver Esstisch für sechs Personen, mit gehobelter, naturbelassener, nur eingeölter Eichenholztischplatte, einer Eckbank und einem Büfett mit bunten Butzenglasscheiben; und über der Eckbank hing ein Eckregal, auf dem Teller mit Weisheitssprüchen standen. Wie: „Hätt` Adam Bier und Wein besessen, hätt' er den Apfel nicht gegessen“ oder: „Der Kaffee ist gut, das muss man ihm lassen, fünfzehn Bohnen und sechzehn Tassen“. Diese „Bauernstubenmöbel“, auch die dazugehörigen zwei Stühle und ein Hocker mit aufklappbarem Sitz, waren dunkelbraun gebeizt, mit verschnörkelten Beinen und Armlehnen und ausgesparten Herzen an den Rückenlehnen. Auch die Eckbank hatte diese Verzierungen – sehr rustikal und eben … bäuerlich.

Diese Spruchteller zieren übrigens immer noch, nach so vielen Jahren, meine Küche, denn als meine Eltern starben und ich ihre große Vierzimmerwohnung auflösen musste, konnte ich die schweren Bauernstubenmöbel, wie auch die Schlafzimmer- und Wohnzimmermöbel, nicht mit in meine kleine Wohnung nehmen. Aber diese Teller mit ihren Sprüchen, die mich schon als Kind schmunzeln ließen, die konnte ich unterbringen, und über diese Sprüche schmunzeln heute noch meine Besucher, wenn sie auch oft anmerken, dass das so gar nicht mein Stil sei – da haben sie Recht, doch Erinnerung braucht keinen Stil.

Dieses ganze schwere Mobiliar also nahm seinen Weg von Aussig an der Elbe im Sudetenland, aus Opas Fabrik, zuerst nach Eckernförde. Als wir dort unser Haus verloren, da Vater ein Nazi war, wurden wir dort ja „rausgeschmissen“ – mit allem Hausrat und Mobiliar. Dieses alles konnten die Eltern bei den Freunden – der Familie von Herzogenberg – in Altenhof bei Eckernförde auf deren Gut einlagern, bis Mutti, wie sie das auch immer hinbekommen hat, mit all diesen Möbeln und unserem gesamten Hausrat Anfang 1947 meinem Vater in die Sowjetunion nach Oranienbaum folgte. Dort staffierten die Eltern die uns zugewiesene schlichte und unmöblierte Wohnung im „Großen Schloss“ damit aus und ab da wurde das Sofa mein Bett für lange Jahre.

Die drei Schubladen dieser Couch hatten es auch in sich, denn in zweien davon war tagsüber mein Bettzeug verstaut, damit das Wohnzimmer immer „schmuck" aussah, doch in der dritten Schublade, da waren meine Sachen, meine „Schätze" untergebracht. Viel hatte ich ja nicht, da es damals in Russland so gut wie kein fertiges Spielzeug zu kaufen gab, doch ich fand natürlich bei meinen Streifzügen rund um das Schloss und später, als ich älter geworden war, auch durch den ganzen das Schloss umgebenden, weitläufigen Park, so viele wunderbare Dinge: Steine, Hölzer, Blumen zum Pressen und Ähnliches, mit dem ich dann stundenlang spielte, mich beschäftigte.
Nach sechs Jahren wurden Mutti, Peter und ich 1953 nach Deutschland, nach Ostberlin zurückgebracht, doch die meisten Möbel blieben noch bei Vater im Schloss. Mutter richtete sich in der Warschauer Straße in Ostberlin erst mal etwas spärlich ein bis Vater ein Jahr später dann mit all den „Opa-Möbeln" zurückkam.
Kurz darauf, nachdem die Familie und die Möbel wieder vereint waren, schaffte es Vater, diese Möbel durch einen fingierten Wohnungstausch nach Schönwalde bei Ost-Berlin – dadurch fiel es nicht auf, dass der Möbelwagen beladen wurde und wir auszogen – mit Hilfe der Engländer in den Westsektor Berlins zu bringen.
Wir selber sind mit der U-Bahn (das konnte man damals noch) in den Westen zu Tante Christel in den Wedding gefahren, wo auch die Kuckucksuhr meiner Mutter die ganze Russlandzeit überdauert hatte, die später dann mit uns nach Köln umgezogen ist.
Die Engländer verfrachteten den vom Vater mitgebrachten Moskwitsch – über den werde ich später noch mehr erzählen – und unsere Möbel und Kisten auf einen offenen Güterwaggon, wo alles mit einer Panzerplane abgedeckt wurde, so dass das Ganze als Militärtransport durch die sogenannte „Zone" befördert werden konnte. Da gab es ein Abkommen zwischen den Siegermächten, dass diese Transporte mit militärischen Gütern nicht von den Russen kontrolliert werden durften.

So kamen also unsere Möbel als Panzer getarnt nach Köln und wurden dort erstmal bei den Engländern in deren Camp in Köln Bayental eingelagert, wo wir auch zuerst wohnten, bis wir vier Monate später in Köln in der Blumentalstraße eine Wohnung fanden. In dieser Wohnung lebten die Eltern und auch mein Bruder und ich viele Jahre.
Da ich immer noch kein eigenes Zimmer hatte, war das Sofa weiterhin „mein kümmerliches Reich". Als ich Teenager war, gründete ich einen „Micky Maus Fan Club" und brachte meinen selbst angefertigten Clubwinkel über dem Sofa an. Auch verstaute ich meine Micky Maus-Hefte, die ich eigentlich nicht lesen sollte, da ich mehr für die Schule und ernsthafter arbeiten sollte, in dieser „meiner Schublade".

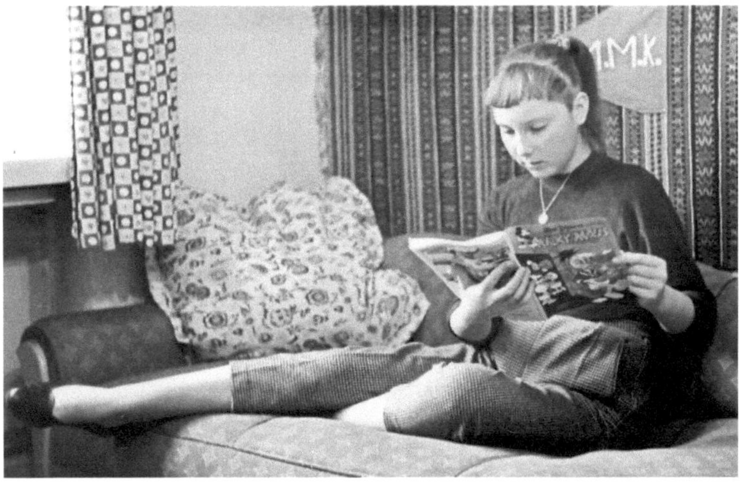

In dieser Zeit hatte ich dann über den Micky Maus Club auch Brieffreunde gefunden, so dass ich am großen Bauernstubentisch nicht nur meine Schularbeiten machte, sondern auch mit Begeisterung meine Brieffreundschaften pflegte. Da gab es sogar welche in der Schweiz – das fand ich sehr toll.
Also zurück zu den Möbeln. Nachdem wir Kinder nicht mehr bei den Eltern lebten, unsere eigenen Wege gegangen waren, zogen die Eltern nach Delbrück an den Kölner Königsforst um und nahmen natürlich alle Möbel mit – bis auf das Sofa, das hatte ich bei meinem Umzug nach Neumünster

ins Kinderheim, das ich damals als Leiterin übernahm, mitgenommen. Für die Heimkinder dort war es immer eine besondere Belohnung, sich in dem kleinen Gästezimmer aufzuhalten, in dem das Sofa untergebracht war, und darauf – und mit den „Schubladen" – spielen zu können. Der kleine Jens, damals vier Jahre alt, hatte mal die Masern, und da habe ich ihn in diesem Gästezimmer isoliert untergebracht, damit er nicht alle Kinder im Heim anstecken konnte. Dort fand er natürlich auch meinen Bären, der damals immer mit Katharina, meiner Celluloidpuppe, auf diesem Sofa saß. Den hatte mir eine der Großtanten (eine Schwester meiner Großmutter mütterlicherseits) zum Geburtstag, meinem zehnten, geschenkt, als wir aus Russland gekommen waren. Auf meinen Wunsch hin hatte sie dem großen Bären kurze Hosen, ein kariertes Hemd und eine fesche Schlipsschleife genäht. Jens hatte sich sofort in den Bären verliebt und da habe ich ihn dem Kleinen nach seiner Genesung geschenkt.
Und erst als ich dann von Neumünster nach Braunschweig zog – in eine Einzimmerwohnung, da trennte ich mich dann auch von diesem „meinen Möbelstück". Und die Möbel in der Wohnung meiner Eltern musste ich leider – mit sehr schwerem Herzen, da sie doch so lange Jahre vertraute Wegbegleiter gewesen waren – von einem Entrümpler entsorgen lassen, denn ich hatte natürlich nicht, wie die Eltern, eine große Vier-Zimmer-Wohnung und konnte die Einrichtung deswegen auf gar keinen Fall mitnehmen. So kam es also, bis auf die schon erwähnten Teller, zu einer endgültigen Trennung von diesen Möbeln.
Ob heute fabrikmäßig hergestellte Möbelstücke solche Wahnsinns-Umzüge heil überstehen würden? Man sagt doch: „Dreimal umgezogen ist einmal abgebrannt". Mein Opa hat da in seiner Tischlerei noch wirklich stabile Möbel angefertigt – was für ein Glück bei solchen umzugsfreudigen Möbeln.

Die Marmorfiguren im Park

In dem weitläufigen Park, außerhalb unseres eigentlichen Schlosses, gab es noch mehrere kleine Schlösser, nämlich das „Chinesische Schlösschen“ und das „Schlösschen von Zar Peter III“ und ganz viele Marmorfiguren, die Wege und Anlagen schmückten, säumten, bewachten. Von diesen Figuren lagen etliche zerbrochen, geköpft, ohne Arme und Beine, im Gras. Als ich viele Jahre später, in einem eisigen, kalten schneereichen Winter, mit meinem Sohn mal wieder in meiner alten Heimat war, um ihm alles das zu zeigen, worin seine Mutter aufgewachsen, so glücklich gewesen war, und ich ihn also herumführte (er war vierzehn Jahre alt), da sagte er: „Mama, warum haben die Russen so viele Toilettenhäuschen in ihrem Schlosspark aufgestellt?“ Erst wusste ich gar nicht was er damit meinte, dann begriff ich. Er dachte, dass die mit Holz eingeschalten Marmorstatuen, die überall standen, Toilettenhäuschen seien. Ich sagte ihm, dass das mitnichten Toilettenhäuschen seien, sondern eingeschalte kostbare Marmorstatuen, wo sogar noch Stroh zwischen der Verschalung und der Statue reingepackt worden war, damit die nackten Figuren nicht frieren. müssten. „Natürlich“, erklärte ich ihm, „können sie nicht wirklich frieren – sind ja nur Marmormenschen, doch sie können kaputt gehen, wenn sich Wasser vom ergiebigen Herbstregen in kleinsten Ritzen fängt, das sich im darauffolgenden Frost ausdehnt und den Marmor sprengt.“ Da es sich aber um kostbare „Damen und Herren“ aus der Zarenzeit handelte, die von bekannten italienischen und französischen Künstlern gestaltet worden waren, machte man sich jedes Jahr diese Mühe mit den schützenden Einschalungen. Gut, dass wir Menschen nur warme Kleider anzuziehen brauchen und nicht über den Winter eingeschalt werden müssen. Diese Figuren, Schlösschen, Teiche, weite Wiesen, Wäldchen, ein Flüsschen – das „Bodetal“ – , all das war unser Spielplatz.

In einem anderen Winter, es ging schon langsam auf das Tauwetter zu und ich war noch kein Schulkind, musste ich mich ohne die anderen Kinder beschäftigen, die ja alle in der Schule waren. So machte ich mich mit meinem

Schlitten, den ich ja an solchen Schultagen ganz für mich alleine hatte, auf den Weg ins „Bodetal“, denn es war ja so wunderbar, die eine Böschung mit Karacho runterzusausen, um mit dem Schwung auf der anderen Seite fast wieder bis nach oben zu gelangen. Das ging auch seit Wochen ganz großartig – bis zu diesem Tag, da sauste die Spitze meines Schlittens – mit mir drauf – durch die angetaute Eisdecke hindurch und ich landete im eiskalten Wasser. Mein Kaninchenfellmantel, die Walenkis, meine Fellhandschuhe und alles, was ich darunter anhatte, saugten sich in kürzester Zeit mit diesem Eiswasser voll.
Der Fluss war Gott sei Dank nicht allzu tief, so dass ich stehen und mich aus eigener Kraft ans Ufer retten konnte. Doch – ich war völlig durchnässt und durchgefroren, fror wie ein Schneider (obwohl ich nicht weiß, warum man das so sagt, ich fror dann also eben wie ich).
Als ich nach dem ungefähr einen Kilometer langen Weg zähneklappernd und vor mich hin heulend zu Hause ankam, hat meine Mutter mich sofort ausgezogen, abgerubbelt und mit heißem Tee ins Bett gesteckt. Ich bekam jedoch hohes Fieber und schrecklichen Schüttelfrost, und es war mal wieder „auf der Spitze“ mit meinem Leben, wie damals als ich in der Tschechoslowakei an Typhus erkrankt war. Ich schaffte es also wieder mal mit dem Weiterleben, und war nach zwei Wochen strenger Bettruhe und viel bitterer Medizin fast wieder gesund und munter.

Todesfälle

Auch in der Fremde gibt es Todesfälle, Hochzeiten, Geburten und Geburtstage – und alles, was das Leben mit seinen nicht ausbleibenden Freuden und Leiden so ausmacht.
In meinem Fall, im Fall unserer Familie, waren es erst einmal die Großeltern, die leider – schon recht bald nach ihrer Übersiedlung mit uns nach Russland – wohl keine Kraft mehr hatten, in der Fremde wieder neu anzufangen. Der Opa Lieber, war verwirrt im Kopf geworden – heute würde man sagen, er bekam Alzheimer oder Demenz – und so konnte er sich unter anderem nicht merken, dass er bei uns schon gegessen hatte und ging, nach dem Essen bei uns in der Familie, zu Nachbarn in der Deutschen Kolonie im Schloss und beschuldigte seinen Schwiegersohn, ihm nichts zu essen gege-

ben zu haben. Nun war das ja auch noch die Zeit, in der die Lebensmittel auf Marken sehr knapp waren und es den Nachbarn natürlich nicht gefiel – sie hatten ja auch keine Lebensmittelmarken für den Opa –, dass er bei ihnen Essen schnorrte. Mein Vater kam in schlimmen Verruf und deswegen startete er eine Gegenoffensive. Er bat die Nachbarn, zu denen der Opa bevorzugt mit seiner Anschuldigung gegen ihn ging, dass sie sich vors Fenster stellen sollten, wenn wir aßen. Da konnten sie sehen, dass der Opa bei uns ordentlich zulangte, und als er dann wieder bei ihnen auftauchte, konnten sie ihn ohne Skrupel, weil sie ihm kein Essen von ihrem Tisch gaben, nach Hause schicken mit dem guten Gewissen, dass er ja nicht wirklich hungern musste.

Das war aber noch nicht das Schlimme mit dem Großvater. Schlimmer war, dass er den Umstand, jetzt bei den „mörderischen Russen“ leben zu müssen, nicht verkraftet hatte, und dass er immer befürchtete, dass die Russen seine Enkelkinder umbringen wollten. In der Nacht sprang er beim kleinsten Geräusch auf und wollte „seine Enkel lieber selber töten als sie von den Russen umbringen zu lassen“, wie er sagte. Und Vater, Vater musste immer vor ihm bei uns Kindern sein, um das zu verhindern. Das war wohl eine sehr stressige Zeit für alle. Nach ungefähr einem halben Jahr in Russland hat sich der Großvater aber selber das Leben genommen, er hat sich aufgehängt; und das Schlimmste daran war, dass ich kleines Mädchen – vier Jahre alt – ihn dort im Türrahmen hängend gefunden habe. Ich rannte zu den Eltern und sagte ihnen, dass der Opa so komisch sei. Ich hatte gar nicht richtig verstanden, dass er sich umgebracht hatte.

Die Beerdigung war dann ein Erlebnis für sich, denn in Russland werden die Verstorbenen öffentlich im Kirchenraum aufgebahrt, damit alle, die das wünschen, aber auch alle Gottesdienstbesucher noch mal an dem Aufgebahrten vorbeigehen und Abschied nehmen können.

Auch wenn parallel eine Hochzeit stattfindet, liegt der Tote aufgebahrt inmitten des Weges, den das Hochzeitpaar und alle Hochzeitsgäste zum Altar gehen müssen. Dasselbe natürlich auch noch mal beim Rausgehen.

Heute, als alte Frau, finde ich diesen Brauch sehr nachahmenswert, dass Sterben und Neuanfang, Trauer und Frohsinn zusammen gelebt werden – nicht das Sterben, der Tod aus dem Leben verdrängt wird, wie das in unserer jetzigen Zeit üblich geworden ist.
Der Friedhofsbesuch war dann auch noch ein über Jahre gepflegter Brauch für uns, denn rund um die Gräber (die Oma war ein halbes Jahr später auch – an Herzeleid, wie die Eltern es nannten – gestorben) gab es einen kleinen schmiedeeisernen Zaun und einen kleinen Holztisch mit zwei Holzschemeln, und wenn wir – die ganze Familie – die Großeltern auf dem Friedhof besuchen gingen, dann war das immer so eine Art Picknick, ein kleines Fest. Wir Kinder durften auf dem Friedhof auch spielen, sogar toben, wir mussten nicht mucksmäuschenstill sein – auch hier wurden der Tod und das Lebendig-Sein miteinander verbunden.
Einen weiteren Todesfall erlebte ich mit etwa sieben Jahren. Da gab es eine Nachbarin in der Kolonie, die mit ihrem Mann keine Kinder hatte und die mich kleines Heidi-Mädchen sehr mochte – mir vorlas, mit mir spielte und mich herzte und koste. Ich ging sehr gern zu ihr. Eines Tages zündete sie den Propangaskocher an, um sich Teewasser zu kochen, und dabei explodierte dieser Kocher – eine Stichflamme schoss empor. Ihr Kleid fing sofort Feuer. Sie schrie, riss die Küchengardinen runter und wickelte sich darin ein, um die Flammen zu ersticken. Ich war inzwischen schreiend um Hilfe rufend die Kolonnaden auf und ab gelaufen, doch bis ein anderer Erwachsener kam (es war ihr Mann), hatte Frau S. schon schlimmste Verbrennungen erlitten. Inzwischen war die halbe Kolonie zusammengelaufen, und da Gutsches ein Auto (einen DKW) hatten, brachten sie die arme Frau damit nach Oranienbaum runter ins Krankenhaus. Ich erfuhr dann am nächsten Tag, dass sie an ihren furchtbaren Verbrennungen gestorben war. Seitdem habe ich schreckliche Angst vor offenen Feuern und besonders vor Gasherden – ich wollte in meinen Wohnungen immer Elektroherde haben.

Aber es waren auch nicht immer gleich Todesfälle, die schlimm waren – wir Kinder hatten auch die eine oder andere Krankheit, zum Beispiel Scharlach.

In Russland kam man bei ansteckenden Krankheiten immer ins Krankenhaus, die elterliche Wohnung wurde von oben bis unten desinfiziert und das Geschwisterkind oder die Geschwisterkinder durften, solange die sogenannte Inkubationszeit (in der man andere Kinder anstecken konnte) andauerte, auch nicht in die Schule. Das fanden wir Kinder toll, weil immer erst der eine und dann der andere, der sich doch angesteckt hatte, dafür sorgte, dass wir zwei Mal vierzehn Tage nicht in die Schule mussten. Was ich weniger schön fand, war die Tatsache, dass man im Krankenhaus, wegen der Läusegefahr, immer sofort eine Glatze geschoren bekam. Ich hätte doch so gern Zöpfe gehabt, brachte es aber wegen der „regelmäßigen" Glatze-Rasuren nicht dazu, sondern hatte immer nur „Tolle" (einen ins Haar eingeschlagenen Kamm am Oberkopf) oder Schleife („Propeller", wie meine Mutter sagte). Wenn diese „Tolle" rausgenommen wurde, ziepte es immer furchtbar, denn der Kamm verhakte sich übelst in den Haaren. Lieber hatte ich dann den „Propeller", das ziepte beim Rausmachen nicht so, hielt aber auch nicht so gut. Meist hing er schlaff auf dem Kopf herum.

Doch im Krankenhaus mit einer ansteckender Krankheit war es sehr schlimm, so isoliert zu sein, denn die Eltern durften nur an einer kleinen Glasscheibe in der Türe stehen und winken. Peter, mein Bruder, hatte einmal über Weihnachten Scharlach und da bin ich mit meinem Vater zu ihm unter dem frostkalten, sternenklaren Himmel mit dem „Großen Wagen", über uns schwebend, zu Besuch gegangen.

Ach ja, noch einmal mit Hilfe von Vaters Erklärungen diesen Großen Wagen dort oben am Sternenhimmel finden. Dieses Glück empfinden, weitere Chiffren der Welt enträtseln zu können. Eingemummelt in meinen schwarzweißen Kaninchenfellmantel mit warmer Fellkapuze und die Füße warm in den Walenkis, den russischen Filzstiefeln, die eine Hand heiß und geborgen in Vaters großer, schützender und führender Hand und die andere im Muff vergraben. Nähe, Wärme, Behütet-Sein spüren, aber auch die Unendlichkeit, Größe und Einsamkeit dieses Da-Seins, nicht nur jetzt in meinem sechsten Lebensjahr, dort mit Vater auf dem Weg zum kranken Bruder, der im russischen Krankenhaus liegt und dem wir ein Weihnachtsbäumchen mit richtigen Kerzen bringen – und ich habe Lametta daran gehängt. Gehen über Stock und Stein auf der löcherigen, ausgefahrenen, froststarren Landstraße. Nur wir beide, der Vater und ich, vereint auf dem Weg, der die Liebe dieser Christnacht auch zu ihm, dem kranken Bruder bringen wird.

Ja, noch mal so die Weihnacht erleben, spüren können - unschuldig und offen für die Mysterien der Welt und gegenüber dem eigenen Sein, das wäre schön, würde sie heil machen diese Wunde, die das Leben, diese Entzauberung, Jahr um Jahr gerissen, Schmerz und Traurigkeit ins Herz und in die Poren gesenkt und in der ich nun nicht mehr ertragen kann, diesen Rummel, diese Schein-Heiligkeit, den Konsumrausch, dem zu entfliehen mir nur noch Raum in den Erinnerungen bleibt.

Ja, und dann war da noch dieser Sturz mit dem Dreirad. Kopfüber über die Lenkstange bin ich auf die Betonfliesen geflogen und habe mir diese herrlichen, ersten zweiten Zähne, die Schneidezähne oben (alle anderen Zähne waren noch Milchzähne) abgebrochen, ausgeschlagen. Sie lagen auf dem Weg als Vater mich, brüllend, dort fand. Beherzt hat Vater diese Zähne wieder reingesteckt und sie sind tatsächlich wieder festgewachsen; doch präsentierten sie sich später nicht nur mit abgebrochenen Ecken, sondern haben sich, weil die Nerven zerrissen waren, auch schwarz verfärbt. Der russische Zahnarzt in Oranienbaum hat sie aufgebohrt, Watte eingeführt und sie plombiert – und die Watte in einem der Zähne drin gelassen; die eiterte dann die nächsten zehn Jahre so vor sich hin,

Das war aber noch nicht das Schlimmste, denn durch den Sturz hatte sich irgendwie ein Sehnerv am linken Auge verklemmt, war ich auf dem linken Auge blind geworden. Meine Eltern gaben mich, als sich das nicht bessern wollte, als das Sehen nicht von selbst wieder einsetzte, nach Leningrad in

die Augenklinik. Dort musste ich zwei Monate bleiben, bekam dort diverse unangenehme Untersuchungen und jeden zweiten Tag an den Fingerspitzen – die waren alle schnell verhärtet und wund – Blut abgenommen und natürlich die obligate Anti-Läuse-Glatze.
Ich begann dort in der Klinik, mit meinen sechs Jahren, meine spätere Laufbahn als Erzieherin und Sozialpädagogin, denn ich kümmerte mich liebevoll um frisch operierte Kinder, schob diese im Rollstuhl im Klinikgarten herum und war in der dortigen Klinik bald der „solnetschnie soliza" („Sonnenschein", wie die Ärzte und Schwestern meinen Eltern berichteten). Nach diesen zwei Monaten konnte ich wieder sehen, wenn auch nicht gut, es hatte sich alles mehr oder weniger von alleine wieder geregelt. Ich habe bei diesem Aufenthalt im russischen Krankenhaus, ganz allein auf mich gestellt, viel Autonomie entwickelt, die mir in späteren Jahren sehr nützlich sein sollte.
So hat fast alles „Schlimme" im Leben auch irgendwie immer etwas Gutes.

Zitate aus dem Buch „Deutsche in Oranienbaum“ von Juri Kalinin

Zur Vorstellung dieses Buches bin ich mit Witti, einer der Nachbartöchter aus meiner Schlosszeit, nach Oranienbaum/Lomonossow gefahren, als wir Ehrengäste des Museums waren, in dem die Vorstellung stattgefunden hat. Nun aber zum Inhaltlichen:

„Einige Zeugnisse von dem Leben unserer Deutschen Spezialisten im großen Palast. Zunächst muss gesagt werden, dass die Deutschen Spezialisten in der Zweigstelle eine zwiespältige Stellung innehatten. Sie waren einerseits Angestellte, andererseits aber auch Kriegsgefangene. Als Angestellte waren die Fachleute, deren Familien in separaten Wohnungen in den Flügeln des großen Palastes untergebracht wurden, mit beträchtlichen Bezü-

gen ausgestattet: von 1500 Rubeln (Technischer Zeichner) bis 5000 – 8000 Rubel für Diplom-Ingenieure und Doktoren. Zur Orientierung: junge einheimische Spezialisten erhielten in der Zweigstelle nur einen Schlafplatz im Wohnheim und ein Gehalt von 800 Rubeln. Der Direktor der Filiale verdiente 3000 Rubel. Andererseits durften die Deutschen Spezialisten und ihre Familienangehörigen das Gelände des großen Palastes nur nach einem Vermerk im Wachbuch an der Pforte verlassen. Ausflüge nach Leningrad zu Besichtigungen, ins Theater, in Museen oder mit den Kindern in den Zirkus waren nur in Begleitung eines Dolmetschers erlaubt.

Traditionell arbeitete bei den Deutschen nur das Familienoberhaupt. Die Frauen führten den Haushalt, erzogen die Kinder und hielten im Haus die peinlichste Sauberkeit und Ordnung aufrecht. Sie beschäftigten sich auch mit Handarbeiten. Beim Essen waren die Deutschen überaus zurückhaltend. Die Vorspeise aßen sie ohne Brot, den zweiten Gang immer mit einem kleinen Butterbrot. Und was den Russen besonders ins Auge fiel, alkoholische Getränke nahmen sie nur gläschenweise und nur nach dem Essen zu sich.

Unter den Deutschen Spezialisten gab es zwei, Lawitschka und Myslewetschek, offenbar Sudetendeutsche, die überzeugte Anhänger der Nazi Partei waren. Mit dem Ziel der Umerziehung wurden sie zur Teilnahme an einer Parteiversammlung anlässlich der Revolutionsfeiertage verpflichtet.

Viel Aufmerksamkeit widmeten die Deutschen ihren Kindern, sie organisierten für sie allerlei Mannschaftsspiele im Hof des großen Palastes. Für die jüngeren Schulkinder wurde in der Parkschule eine Spezialkasse eingerichtet. Diese wurde von Alexandra Aleksejewna Dedowa geleitet. Nach ihren Worten waren die deutschen Kinder im Unterschied zu den russischen Kindern von Natur aus diszipliniert und ordentlich und lernten ganz ausgezeichnet. Blitzschnell erlernten sie die russische Sprache. Im Übrigen waren die Kinder, wie Kinder eben sind: ausgelassen in den Pausen, lautstark, aber immer selbstbewusst. Auf die Bemerkung der Lehrerin: „Löwis, mach keinen Unsinn“, erwiderte der Knirps: „Ich heiße nicht Löwis, sondern von Löwis.“ Der Vater dieses Jungen war ein sehr interessanter Mensch – ein russischer Vorarbeiter erzählte, dass von Löwis, als er sich auf die Rückreise nach Deutschland vorbereitete, einen vorsintflutlichen, volkstümlich bemalten Schrank zum Versand fertig machte. „Wozu brauchst du dieses Gerümpel?“, fragte ihn Petrow. „Weißt du, das ist ein kostbares Familienstück von anno sechzehnhundertsowieso. Ich habe, als ich hierher kommen sollte, zwei Bedingungen gestellt: Ich nehme diesen Schrank und meine Familie mit.“ Jeden Morgen putzte er für sich und die Kinder die Schuhe, dass sie glänzten, „ohne das geht es nicht!“

Überhaupt war für die Ordnung in den Kinderzimmern bei den Deutschen der Vater zuständig. Die Männer organisierten auch die Spiele und Geburtstage für die Kinder. Nur sie allein! Etwa zwei Jahre bevor man die Deutschen Spezialisten wieder in ihr Vaterland zurückschickte, mangelte es ihnen immer mehr an Arbeitsaufträgen. Dieses konnten sie nur schwer ertragen. Einer von ihnen ging sogar zu seinem Abteilungsleiter, um sich zu beschweren: „Geben sie mir eine Aufgabe, ohne Arbeit kann ich nicht sein.“ Ein anderer schwieg, aber nach seiner Abreise fand man an seinem Zeichentisch die bittere Inschrift:

„Hinter diesem Pult verschlief ich zwei volle Jahre“

In der letzten Zeit ihres Aufenthaltes im Großen Palast pflegten die Deutschen eine rege Korrespondenz mit ihren Verwandten in Deutschland und waren deshalb über die allgemeine Lage und die wirtschaftlichen Verhältnisse dort genau im Bilde. Sie kauften daher vor ihrer Abreise Autos und kistenweise Zigaretten. Für ihr Abreise wurde ein Transport zusammengestellt, sie verluden auf die Waggons alles, was möglich war, und machten sich auf die Reise in die Heimat. Sie hinterließen den russischen Spezialisten heiß begehrte Wohnungen.

Aufschlussreich ist, was von Löwis vor der Abreise sagte:“

Ich würde ja bleiben, aber sie geben mir dann die 5000 Rubel nicht mehr – für 2000 würde ich bleiben, wenn ich alleine wäre, aber meine Buben sind gute Esser und dafür reicht diese Bezahlung nicht. Aber allein wäre ich geblieben“

Einschulung

Da ich ja einen älteren Bruder habe, der schon zwei Jahre lang in die Schule ging, konnte ich kleines Mädchen es kaum erwarten, auch endlich, endlich ein Schulkind zu werden, und so hatte ich mich seit langem auf diesen ersten Schultag gefreut, auf diese Einschulung mit Ulli H.
Jetzt saßen wir in der Klasse auf einer Schulbank, in dieser Schulbank mit aufklappbarem Deckel, in dem wir Hefte und Schulbücher aufbewahrten, die wir nicht täglich mit nach Hause nehmen mussten, und mit einem gemeinsamen eingelassenen, mit einem Deckel versehenem Tintenfass. Wir schrieben ja noch mit einem Federhalter, hatten eine extra Aufbewahrungsdose für diesen gläsernen Halter – meiner war rosa – und eine weitere für verschieden dicke Schreibfedern.

Ich saß also neben Ulli und dachte, jetzt würden wir vielleicht endlich Freunde werden, denn das waren wir bisher nicht – das wurde von Ullis Mutter immer verhindert. Das war eine traurige Angelegenheit, denn meine Hoffnung, dass wir – die beiden einzigen Erstklässler der besonderen Kleinklasse für die deutschen Kinder mit ihren vier Jahrgängen in einem Klassenraum –, nun auch Freunde sein würden, hatte sich schon in den ersten Minuten zerschlagen. Die stolzen Eltern – meine und seine – sprachen kein einziges Wort miteinander, und auch Ulli blieb wie immer stumm und stocksteif. Es muss irgendetwas zwischen unseren Eltern gewesen sein – eine Missstimmung, Vorurteile, negative Urteile. Ob es Vaters frühere NSDAP- und Waffen-SS-Mitgliedschaft war – vielleicht verabscheute Herr H. ihn ja deswegen – aber das sind nur Vermutungen von mir, Vermutungen über ein mir anders nicht erklärliches Verhalten der gesamten Familie H., die ja mit uns im Schloss wohnte – und die Väter mussten doch auch irgendwie miteinander arbeiten.
Jedenfalls wurde Ulli auch nach der Einschulung kein Klassenkamerad – er war sehr ehrgeizig und die Mutter verbot ihm, mit mir am Nachmittag zu spielen. Was für eine Trostlosigkeit.
Gott sei Dank gab es ja all die anderen, russischen Kinder in der „Normalschule“, im selben Gebäude in der Parkschule, denn wir deutschen Kinder wurden zwar in derselben Schule, aber überwiegend in einer Extraklasse beschult. Dort, bei den anderen Kindern fand ich schnell Freundinnen, denn ich hatte in den vergangenen zwei Jahren durch Marusja, Mutters Putzfrau und Kindermädchen, schon richtig gut russisch sprechen gelernt und konnte mich mit den Kindern auf dem Schulhof, bei der Arbeit in unserem Schulgarten (jeder hatte ein Beet zum Anpflanzen von Obst und Gemüse) unterhalten und dann habe ich auch mit ihnen gespielt und mich in den Ort am Nachmittag in die Familien einladen lassen. Leider durfte ich diese Kinder nicht mit ins Schloss nehmen – in den großen Schlosspark außerhalb aber schon.

Und so wuchs ich von Tag zu Tag mehr in das Gemeinwesen, in das russische Gemeinwesen, hinein und immer weiter weg aus der deutschen Kolonie.
Ulli habe ich nach unserer Rückkehr aus Russland nie wiedergesehen. Ich weiß bis heute nicht, was aus ihm geworden ist.

Schule in meiner Kinderzeit

In Zeiten von zu großen Klassen hier in Deutschland ist es kaum vorstellbar, dass ich in Russland vier Jahre lang in eine einklassige „Vierjahrgangsstufe" ging. Ja, als ich 1949 mit sechs Jahren eingeschult wurde, gab es außer mir nur noch Ulli, der gleich alt war und zusammen mit mir einen neuen Jahrgang in der ersten Reihe, in der ersten Klasse, bildete.
Mein Bruder war schon in der dritten Klasse, in der dritten Reihe hinter mir, da konnte er besser Unsinn machen. In dieser „Vierjahrgangsklasse" wurden wir so unterrichtet, dass immer ein Jahrgang von der Lehrerin, Alexandra Aleksejewna Dedowa, laut unterrichtet wurde, während die drei andren Jahrgänge eigene, von ihr vorher an diese „Klassen" ausgeteilten, „Stillaufgaben" zu erledigen hatten.
Ich liebte diese Art Unterricht – kannte natürlich auch keinen anderen –, denn ich konnte, wenn ich mit meiner Stillarbeit fertig war, schon mal etwas vom Stoff der anderen Jahrgänge aufschnappen, was ich viel interessanter fand als meinen eigenen Lernstoff.

Ich links unten und Peter in der hinteren Reihe zweiter von rechts

Ich war wohl auch etwas unterfordert, denn als „kleine Schwester" war ich ja schon immer neugierig auf die Schule und hatte so ganz nebenbei, bei Peters Lernen zu Hause, bereits das russische und das lateinische Alphabet lesen und schreiben gelernt, was ja jetzt erst mal Unterrichtsstoff in meiner ersten Klasse war. Und so interessierte mich besonders weiterhin das, was mein Bruder Peter gerade lernte, lernen sollte.

Und pfiffig, wie ich war, manche würden es auch altklug nennen, nannte mich mein Bruder deswegen Nervensäge oder Petze. Ich wusste nämlich am Nachmittag, wenn Vater meinen Bruder befragte, was er denn gelernt habe, dieser jedoch ziemlich bedröppelt herumstotterte oder schwieg, stolz zu berichten, was Peter durchgenommen hatte.

Was meinen Bruder mächtig ärgerte und was er mir dann draußen beim Spielen damit heimzahlte, dass er mich mit ihm und seinen Freunden – alles ältere Jungen – nicht mitspielen ließ. Das war sehr schlimm für mich. Manchmal, wenn ich zu sehr darum bettelte, bei ihnen mitmachen zu dürfen, verlangten sie erst einmal fiese Mutproben von mir.

So machten sie großspurig vor, wie sie einen Esslöffel voll Salz verspeisten und sich noch mit „Mmmh" und „Ahhh" genüsslich den Bauch rieben. Und

ich, ich würgte dieses Salz mit Ekel und Todesverachtung herunter, musste mich sogar übergeben und begriff erst sehr viel später, dass die „Herren“ alle Zucker auf ihrem Löffel hatten und nur ich das eklige Salz.
Ein anderes Mal, da war ich aber noch nicht in der Schule, ging es ums Wettpinkeln, das ich natürlich – biologisch bedingt – gnadenlos verlor. Und sehr verstört darüber war, wusste ich damals doch noch nichts von diesen „Unterschieden“ bei uns Kindern.
Doch es gab auch herrliche Zeiten, in denen wir nach der Schule draußen spielten, tobten und miteinander glücklich waren.
Aber auch schlimme Unfälle passierten, weil im weiten Innenhof des Schlosses noch Munitionsreste und Bauschutt lagen, die uns natürlich besonders anzogen, denn wir Kinder waren immer begierig auf Entdeckungen. So war es Hermann, der sich mit einem Zünder für Sprengladungen, den er gefunden und sich in die hintere Hosentasche gesteckt hatte, den halben Hintern weggesprengt hatte. Wäre das eine Handgranate gewesen, hätte er das nicht überlebt.
Bei einem meiner sehr viel späteren Besuche in Oranienbaum (ich war inzwischen selber fünfundsechzig Jahre alt) traf ich noch meine alte Lehrerin, Alexandra Aleksejewna Dedowa. Da stand sie nun vor mir, so klein und alt, uralt, im dunkelblauen Kleid mit weißem Spitzenkragen, aus dem das Gesicht meiner Lehrerin aus Kindertagen mich mit immer noch wachem Blick und mit klarem Verstand neugierig anschaute, mich, die inzwischen ebenfalls alt gewordene Frau, die kleine Xaidi von damals.

Ja, diese Begegnung hier, im Museum von Lomonossow bei der Präsentation des Buches „Oranienbaum und die Deutschen“, war der Höhepunkt einer Reise zurück zu meinen Anfängen, hier in Russland, weit zurück in die Zeit der Sowjetunion, der Diktatur unter Stalin, und doch zurück zu meiner Kindheit, zu glücklichen Zeiten.

Sommerabenteuer

Das Gelände rund um das „Große Schloss" in Oranienbaum war zu meiner Kindheit ein Park, ein riesengroßer, weitläufiger, verwunschener, verwilderter Park. In diesem Park gab es noch mehrere kleine Schlösschen und Teiche, ein Flüsschen, Bäume, weite Wiesen ... ein riesiger Spiel- und Abenteuerplatz für uns Kinder.

Eines Sommers war ich mit meinem Bruder Peter unterwegs in diesem Gelände. Wir kamen zu einem Teich, auf dem wunderschöne rosafarbene und weiße Seerosen blühten. Peter forderte mich auf, eine Seerose zu pflücken. Da das aber nicht so ohne Weiteres vom Ufer aus möglich war, hielt er mich an meinem luftigen, ärmellosen Sommerkleidchen fest. Ich beugte mich, so gehalten, weit über den Teich hinaus, da machte es „ratsch"! Mein

Kleid war gerissen und es folgte der Plumps, mit dem ich ins Wasser fiel! Das wäre nicht weiter schlimm gewesen, denn ich konnte mit meinen sechs Jahren schon gut schwimmen, doch – bis ich ans Ufer geschwommen und an Land geklettert war, hatten sich unzählige Blutegel an mir festgesaugt. Da ich weder Strümpfe anhatte, noch Ärmel am Kleid, waren meine Arme und Beine voll besetzt mit diesen grässlichen Blutsaugern. Was tat ich? Ich schrie, schrie, wie am Spieß! Doch mein Bruder konnte diese Egel, die sich blutsaugend auf mir festgesetzt hatten, nicht von mir entfernen. So rannten wir beide, ich natürlich weiterhin schreiend, den durchaus weiten Weg, bestimmt mindestens einen Kilometer, zurück zum Schloss, in dem wir ja im Seitenflügel ganz hinten wohnten. Wir mussten aber außen an dem langen, langen Anbau und den vergitterten Fenstern entlanglaufen – da gab es keine Abkürzung. Wir sausten an dem sein Maschinengewehr haltenden Wachmann am Eingangstor vorbei, den ganzen langen Weg im Innenhof wieder zurück bis zu unserer Wohnung und – als ich endlich da war, waren fast alle Blutegel, beim Laufen vollgesogen mit meinem Blut, abgefallen. Es gab zu Hause für uns beide obendrauf noch Ohrfeigen, denn die Eltern hatten sich wohl nachträglich vor Schrecken ausgemalt, was noch alles hätte passieren können, und reagierten ihre eigene Angst mit diesen Ohrfeigen ab.

Die „Lieblingsstrafe“ meines Vaters, Hausarrest, hielt uns dann in diesen Ferien bei herrlichstem Sommersonnenwetter noch eine Woche im Haus gefangen. Was für uns sehr, sehr schrecklich war, denn da draußen, da waren das Leben, das Spiel, die anderen Kinder und das Abenteuer. Aber ich hatte ja mein Blutegel-Abenteuer schon hinter mir, wenn auch ganz unfreiwillig.

Fotografieren

Einige der tollsten Erinnerungen an meine Kinderzeit hängen mit dem fotografischen Talent und der fotografischen Ausrüstung meines Vaters zusammen. Er richtete sich an manchen Tagen in unserer Toilette eine Dunkelkammer ein (während er da arbeitete, mussten wir immer zu den Nachbarn gehen, um unser Geschäft zu verrichten). Dort belichtete er Schwarzweißfilme und er hatte auch ein Gerät zum Erzeugen von Papierfotos, die dann in großen Schalen mit stinkenden Chemikalien erst fixiert und dann gewässert wurden.

Später verlieh diesen matten Fotos sogar eine Glanzpresse wunderbaren Glanz. Ich durfte da sehr bald helfen und war sehr begeistert und auch stolz darüber.

Aber nun bin ich davon abgekommen, wofür diese Fähigkeit gut war, denn Vater bekam vom Leningrader Zirkus den Auftrag, für die Schaukästen die Fotos von den jeweiligen Vorstellungen zu machen. Dafür erhielt er immer Freikarten für die Vorstellungen und so konnten wir oft und oft diese wunderbare Zirkuswelt erleben. Hautnah, staunend – gruselig und erregend.
Da der Leningrader Zirkus kein Wanderzirkus war, sondern seine Aufführungen in einem festen, stabilen Zirkuszelt darbot, konnten dort in den 1950er Jahren schon tolle, technisch sehr aufwendige Nummern gezeigt werden.
Ich erinnere mich, dass insbesondere nach den Pausen immer die aufwendigeren Aufbauten, wie ein die ganze Manege beherrschendes Wasserbassin, und ein ebenso großer Raubtierkäfig aufgebaut wurden.

Es war besonders aufregend, wenn dann nach dem Auftritt der Clowns, besonders des Clowns Popow (über den berichte ich gleich noch ausführlich) endlich diese Darbietungen kamen – besonders die großartigen Nummern mit wilden Tieren wie Löwen-, Tiger-, Elefanten- und Bärendressuren – die ja nur hinter Gittern gezeigt werden konnten, der Dompteur war da der

Einzige, der innerhalb des Gitters war. Ich staunte immer wieder maßlos, dass Löwen tatsächlich das taten, was der Dompteur wollte, dass Bären durch einen großen Reifen sprangen, in dem ein großes buntes Stück Stoff verborgen war, und dass sie es dann – hindurchgesprungen – auf der anderen Seite als „Kleid" anhatten.

Besonders gelehrig waren die Elefanten – die sich auf zwei Beine stellten, sich drehten, „Pfötchen" gaben und ähnliche Kunststücke mehr vollführten. Es gab natürlich auch Akrobaten, Trapezkünstler, Jongleure, Seiltänzer, Pferde- und Hundedressuren und was in so einem Zirkus noch alles unvorstellbar Tolles geboten wird.

Aber das Wichtigste und Herrlichste war für uns Kinder, für mich, immer der unvergleichliche Clown Oleg Popow. Dieser Popow war eigentlich im Moskauer Staatszirkus angestellt, machte aber in den Sommermonaten auch Reisen durch die anderen Sowjetrepubliken und so auch immer mal wieder zu uns in den Leningrader Zirkus. Das Besondere an Popow war, dass er nicht nur wilde Clownerien mit fliegenden Torten und anderem Quatsch machte, sondern dass er nach jeder oft halsbrecherisch tollen Darbietung der Artisten diese imitierte – und das alles auch konnte. Er konnte quatschmachend auf dem Drahtseil oder dem Schlappseil gehen, er konnte Jonglieren, auch hoch oben in den Lüften. Mit seiner karierten Sportmütze, seinem schwarzem Samtjäckchen, der dunkel gestreiften, zu kurzen Hose, einem kleinen Stöckchen, roten Socken, vorne ganz spitzen Schuhen und nur mit wenigen Schminktupfen im Gesicht.

Mich muss dieser Popow tief berührt haben, denn in späteren Jahren wurde ich auch zum Amateurclown, in Verbindung mit dem Schreiben von Gedichten. Ich machte mich schon ab meinem vierzigsten Lebensjahr als Clownin zurecht – ging auf Straßenfeste, in Kindergärten und in Schulen und sprach die Leute an: „Wenn Sie mir ein Stichwort sagen, dann schreibe ich ihnen jetzt sofort und hier ein Gedicht und schenke es Ihnen." Auf diese Weise habe ich hunderte Gedichte in die Welt gestreut – die Menschen meistens erst verblüfft und dann glücklich gemacht haben.

Wenn in der kleinen Stadt, in der ich heute lebe, der sogenannte „Kultur-März“ ist, dann bin ich immer noch Jahr für Jahr am Hafen unterwegs. Obwohl mir das „Lachmundschminken“ in den Jahren immer schwerer fiel, da sich doch tiefe Kerben in mein Gesicht eingeschlichen haben. Doch es gelingt mir auch mit weit über siebzig Jahren immer noch ganz gut – dieses mich als Clown Schminken, dieses Clown Sein. Was mich dann besonders freut ist, dass es Menschen gibt, die im „Kultur-März-Programm“ gelesen haben, dass ich unterwegs bin und die mich tatsächlich aktiv suchen und die sich freuen, wenn sie mich gefunden haben. So lebt ein bisschen Popow, wie so vieles aus meiner Kinderzeit, in mir weiter.
Außer den Zirkusbesuchen waren wir auch des Öfteren im Ballett und in Kinderopern. Ich liebte besonders die Aufführung von „Doktor Dolittle und seine Tiere“, das auf Geschichten des englischen Autors Hugh Lofting basiert. Dieser *Dr. John Dolittle* hat mit Hilfe der Papageiendame *Polynesia* die Sprache von 498 Tierarten gelernt (mit „Goldfisch“ wären es sogar 499, aber er arbeitet noch daran). Er lebt in dem kleinen englischen Dorf *Puddleby-on-the-Marsh* zur Zeit der Königin Victoria und war eigentlich einmal Arzt. Seine Schwester *Sarah* hat ihn vor langer Zeit vor die Wahl gestellt, sich entweder für die Menschen oder die Tiere zu entscheiden, und ist davongelaufen, als der Doktor die Tiere wählte. Da ich immer schon Tiere sehr liebte und inzwischen ja auch stolze Besitzerin von Kater Murr war, begeisterte mich dieser Tiersprache sprechende Doktor sehr.
Auch die Aufführung der Oper von Hänsel und Gretel mit der Musik von Engelbert Humperdinck hatte nachhaltige Wirkung – ich kann bis heute einige der Lieder auswendig und habe später in der Schule gern Theater gespielt. Mit zwölf Jahren den Struwwelpeter: „Sieh einmal, da steht er, pfui der Struwwelpeter. An den Händen beiden, ließ er sich nicht schneiden, seine Nägel fast ein Jahr, kämmen ließ er nie sein Haar. Pfui, ruft da ein jeder, garstiger Struwwelpeter!“ Das habe ich eben gerade aus dem Kopf aufgeschrieben – diesen Text habe ich bei der Aufführung gesungen. Später dann habe ich in einem Laientheater als „Frauenzimmerchen“ in „Minna

von Barnhelm“ von Lessing und im „Frühlingserwachen“ von Wedekind mitgespielt. Diese kulturellen kindlichen Erlebnisse sowie das frühe Lesenkönnen in zwei Sprachen haben viele meiner späteren Erwachsenenvorlieben nachhaltig geprägt.

Pionierlager

Ja, auch in meiner schönen, wilden Kindheit – oder vielleicht gerade deswegen – gab es heikle, lebensbedrohliche Situationen, die ich so in Deutschland wohl nicht hätte durchmachen müssen, denn dort war das Leben sehr geregelt und die Kinder waren auch viel mehr unter der Aufsicht der Erwachsenen, besonders das Leben der Kleinkinder. Was ich aber aus dieser Zeit in mein späteres Leben mitgenommen habe, dass ist das Wissen, dass ich für meine Handlungen die Verantwortung trage – im Guten, wie im Schlechten. Die anderen sind nicht schuld. Und so atmete ich in diesen Jahren auch die Gewissheit ein, ein selbstverantwortlicher Mensch zu sein.

So auch bei meinen beiden Reisen ins Pionierlager, einmal an den riesigen Ladogasee und das andere Mal auf die Krim, einer Halbinsel im weit im Süden liegenden Schwarzen Meer.
Nun kann man so eine Pionierlagerreise von damals nicht mit Klassenfahrten oder Pfadfinderfahrten von heute vergleichen. Schon die Anreisen waren extrem beschwerlich, besonders die sehr, sehr weite Reise auf die Krim – von Oranienbaum über Leningrad und Kiew nach Sewastopol. Wir fuhren drei Tage und drei Nächte in einem Zug ohne gepolsterte Sitze oder Schlafwagen – nur mit „Holzklasse" – durch endlose Steppen, über Berge, durch unendliche Wälder von Nordwesten nach Süden – immer weiter nach Süden.
Wer ins Pionierlager durfte, musste ein Pionier sein und sehr gute Zensuren und Belobigungen im gesamten Schuljahr gesammelt haben. Ich war immer eine superfleißige, gehorsame Schülerin und erhielt zweimal in meinen vier Schuljahren in der UdSSR dieses Privileg einer solchen Reise.
Die Organisation der Sommerferien für die Kinder in der UdSSR war damals eine Staatsangelegenheit. Kindheit und Sommerferien in der Sowjetunion sind ohne diese staatliche Regelung schwer vorstellbar. Ohne Zweifel war deren Hauptziel die ideologische Erziehung der Kinder zu einem vollwertigen Mitglied der sozialistischen Gesellschaft. Diesem Ziel dienten auch verschiedene Veranstaltungen und politische Vorträge. Wir erfuhren viel über das heldenhafte Leben Lenins und über das über unser Leben wachende „Väterchen Stalin", diese großen Vorbilder. Über die Befreiung aus der Leibeigenschaft, Abschaffung der Monarchie, des Zaren in der Oktoberrevolution und über die wunderbaren Errungenschaften durch die gemeinsame Kraft der Menschen in der großen Sowjetrepublik.

Sowjetrepublik

Die Kinder in diesen Lagern kamen aus allen Sowjetrepubliken, und so war dieses Zusammenleben auch ein wichtiger Schritt zur Toleranz und zum gegenseitigen Verstehen, denn die Völker der Sowjetrepubliken hatten sehr verschiedene Hautfarben, kulturelle und religiöse Prägungen, doch sprachen wir ja alle eine Sprache, nämlich Russisch. Für diese Pioniere wurden die besten Erholungsgebiete des Landes bereitgestellt.

Der Alltag in diesen Lagern wurde den strengen Regeln sportlicher und gesundheitlicher Erziehung untergeordnet. Jeder Tag begann morgens mit Hörnerblasen und dem Strammstehen beim Fahnenappell und dem Salutieren, solange die Sowjetische Hymne aus den Lautsprechern erschallte.

Nach dem Frühstück begann das Interessanteste: Natürlich nicht jedes sowjetische Sommerlager lag am Strand der Schwarzmeerküste, aber ein Fluss oder ein See waren oft doch in der Nähe. Deshalb verbrachte man den Vormittag oft am und im Wasser. Auch halfen wir Pioniere beim Einbringen der Ernte in einer lokalen Kolchose, so einer Art Riesenbauernhof. Wenn wir Äpfel, Aprikosen oder andere Früchte ernten mussten, war das natürlich ein tolles Vergnügen, da dann auch mancherlei im eigenen Mund verschwand. Man durfte so viel essen, wie man konnte und wollte. Manchmal, wenn wir eine Norm beim Pflücken übererfüllt hatten, duften wir einen kleinen Ausflug in die Berge oder in den Wald unternehmen. Dabei konnten wir uns von der strengen Disziplin im Lager etwas erholen, kindlich herumtollen. Nach dem Abendessen wurde oft Lagerfeuer gemacht, Gitarre oder Balalaika gespielt und gesungen oder es wurden auch kleine Theateraufführungen eingeübt und gegenseitig vorgespielt. Das alles liebte ich sehr. Aber – ich litt auch unter heftigem Heimweh und weinte mich in den riesigen Zeltschlafsälen (fünfzig Betten dicht an dicht) oftmals in den Schlaf.

Was ich besonders fürchtete, das waren die vielen Impfungen. Wir wurden mindestens einmal die Woche gegen irgendetwas geimpft und ich hatte so eine panische Angst davor, dass ich mich an einem Tag, als die Ärzte mal wieder ins Lager kamen, ganz flach unter meine Bettdecke verkroch und fast das Atmen einstellte, auch die „Drunja, Drunja“-Rufe ignorierte und erst wieder auftauchte, als die Ärzte abgerückt waren. Doch leider – beim nächsten Mal bekam ich zwei Impfungen, der ganze Stress hatte sich nicht gelohnt. Es war und ist jedoch ein weiteres wichtiges Erlebnis meiner Kindheit, dieser Aufenthalt auf der Krim mit allem was dazugehörte.

Ausflüge nach Leningrad

Besonders liebte ich die Ausflüge von Oranienbaum aus nach Leningrad in den Pionierpalast. Dort gab es verschiedene, herrlich ausgestattete Räume mit interessanten Angeboten. So zum Beispiel das Märchenzimmer mit wunderschönen, kostbaren Gobelins an den Wänden, auf denen mystische Szenen abgebildet waren. So mit dem Feuervogel, der Hütte der Babajaga und den drei Bären. Uns wurde dort vorgelesen und wir konnten auch zu den Märchen und Geschichten Theater spielen – das fand ich toll. Ich liebte unter anderem das Märchen: „Ruslan und Ludmilla“ von Puschkin, konnte es teilweise auswendig. Da heißt es in der Eingangsstrophe (ich kann sie noch auf Russisch auswendig): „In der Ferne ist der Himmel golden, ein geheimnisvoller Schimmer ist am Firmament und Tag und Nacht geht ein gelehrter Kater um den Lebensbaum herum. Geht er nach links, erzählt er Geschichten, geht er nach rechts, singt er Lieder, ja, das ist ein Ort an dem Wunderliches geschieht.“ Diese märchenhaften Geschichten von Liebe, Verrat, Krieg und wieder Liebe, haben mich damals als Kind sehr fasziniert. Solche raunenden Wörter, Gedanken, Gefühle umgeben mich auch heute noch oft beim Lesen oder Schreiben.

Auch war ich, wie ich schon erzählte, zweimal im Pionierlager – dort konnten, durften nur die fleißigsten und bravsten Kinder hinfahren (mein Bruder nicht). Ich hatte immer Fünfen in den Zeugnissen (in Russland die beste Zensur) und bekam jedes Jahr zum Schulende ein Buch, zum Beispiel Geschichten von Gogol, mit einer Widmung meiner Lehrerin, in der stand, dass ich besonders gute Leistungen vollbracht hätte.

Das eine Ferienlager im Sommer war am Ladogasee an der finnischen Grenze – weil ich schon schwimmen konnte, war das natürlich ein wunderbarer Sommer. Am Nachmittag wurde gesungen und gespielt, man sagte sich Gedichte auf, tobte, schwamm – lebte draußen, was ich immer besonders gern tat. Das andere Mal, da fuhr ich mit all den jungen Pionieren drei Tage lang in der Holzklasse durch Russland vom Norden in den Süden auf die Krim –

eine furchtbare Schinderei, aber – es war natürlich toll dort auf der Krim, ein weiterer Sommer für mich als untergetauchtes deutsches Mädchen: Keiner wusste, dass ich eine Deutsche war – ich war glücklich dazuzugehören. Natürlich erhielten wir auch „Unterricht“ über das „gute Russland“, über Stalin, der im Kreml in Moskau über unser Leben wacht.

Goldfund

Seit Wochen sind die Eltern freudig aufgeregt, packen, sichten, planen, denn es heißt, dass bald die Frauen und Kinder zurück nach Deutschland gebracht würden.

Die Männer, die Väter, müssten noch dableiben. Wie lange noch, konnte uns keiner sagen – das war für die Ehepaare sicherlich keine gute Voraussetzung, schon wieder so eine ungewiss lange Trennung, aber es überwog wohl die Freude und Erwartung über die bevorstehende Heimkehr, gepaart mit der Hoffnung, dass die Väter, die Männer, baldigst nachkommen würden.

Das, was für meine Mutter meine Eltern, für alle deutschen Familien im „großen Schloss" in Oranienbaum die frohe, heißersehnte Nachricht war – zurück in die Heimat, endlich, nach sechs Jahren Russland – , das war für uns Kinder und besonders auch für mich eine so schreckliche Neuigkeit, dass ich gar nicht wusste, wohin mit meinen aufgewühlten, angstvollen Gefühlen.

Ich wollte nicht, wollte nicht dorthin, in dieses Land, Deutschland, das meine Eltern Heimat nannten – trotz des Verschuldens eines unsäglichen Krieges, der Judenverfolgung, der Zerstörung der Städte auf dem ganzen Kontinent. Dort lebten sie zu Hunderttausenden, diese Nazis (damals wusste ich noch nicht, dass mein Vater auch so ein Nazi war), diese Verursacher von Not und Elend und Tod. Ich hatte sechs Jahre daran gearbeitet eine „Nemetzkaja Dewuschka" oder noch besser ein „Russenkind" zu werden. Ich hatte meine „Heimat" hier, war hier zu Hause, heimisch – hier war alles, was ich kannte, liebte, wo ich mich zurechtfand und mich geborgen und zu Hause fühlte.

Ja, mit diesem vermaledeiten Wort „Heimat", damit fing die jahrzehntelang dauernde „Rückheimatisierung" meines in früher Kindheit schon einmal zu einem radikalen Wechsel des Heimatgefühls gezwungenen Ichs an. Denn „normaler Weise" ist Heimat dort, wo man geboren und aufgewachsen ist –

oder wo man sich zu Hause fühlt, weil man schon lange dort lebt. Dieses Wörtchen „oder", *das* ist der Knackpunkt in meinem Leben gewesen, ich wurde zwar in Eckernförde in Deutschland geboren, doch aufgewachsen bin ich in Russland, wo ich die Sicherheit und Verlässlichkeit meines Lebens erfahren habe, das für mich ein Ort tiefen Vertrauens war. Hier fand ein großer Teil meiner Sozialisation – meiner Ich-Findung statt. Hier wurden meine Ideale – kommunistisch, sozialistisch – geprägt, Russland war für mich kein bisschen „die Fremde", sondern Heimat, meine geliebte Heimat.

Und nun hieß es also zurück – dorthin, wo ich nicht hinwollte. Aber so ein Kind – ich war fast zehn Jahre alt – hat ja keine Wahl, keine Chance, muss tun, was die Eltern sagen, machen, wollen. Und so „verschleppte" mich meine Mutter zurück in dieses für mich fremde „Feindesland".

Die Zugfahrt – wir waren über eine Woche unterwegs –, erst in russischen Holzklassezügen mit Kofferablagebrettern im Gang vor den Abteilen, auf denen wir Kinder schliefen. In scharfen Kurven fielen wir mit unseren dünnen Matratzen wie Fallobst aus unserer luftigen Höhe in den Gang hinunter. Gott sei Dank hat sich niemand verletzt. Im weißrussischen Brest, an der Grenze zum polnischen Terespol, mussten wir – durften wir – endlich raus aus dem Zug, denn hier wurden alles Gepäck, alle Kisten, Kasten, Möbel umgeladen auf deutsche Schmalspur-Züge. Es gab zwar auch die Möglichkeit, auf einer dortigen Umspuranlage (in einer Halle, ohne Waggonwechsel und Umladung) die Züge abzufertigen, aber uns haben sie raus aus dem russischen Zug geholt– insbesondere ja auch den Hausrat aus den Güterwaggons – und uns warten lassen, bis aus Ostdeutschland genügend Waggons für Personen und Güter mit der deutschen Spurbreite herangebracht worden waren.

Die Russen nutzten diese fast einwöchige Umlade-Zeit dazu, nicht nur unsere Kisten, Kasten und Möbel zu filzen und wegzunehmen, was ihnen wertvoll erschien, sondern sie ließen uns auch Stunden um Stunden, Tage um Tage in einem großen Wartesaal „hängen".

Es war Februar und saukalt, und so hatte ich meinen Wintermantel an und meinen Muff für die Hände vom den Hals baumeln. Während der elenden Warterei nestelte, kniffelte ich in meinem Muff immer an irgendetwas hartem herum, nestelte und nestelte, bis ich endlich fündig wurde und freudestrahlend einen Ring in die Höhe hielt und rief: „Mutti, schau mal, was ich in meinem Muff gefunden habe!" In dem Moment wurde ein russischer Soldat auf mich und meinen „Goldfund" aufmerksam, riss mir sofort den Ring aus der Hand, zerrte mir die Umhängeschnur meines Muffes über den Kopf und verschwand mit seinen Raubstücken in Richtung seiner Kumpel – dort rissen sie das Innenleben meines Muffs weiter auf und förderten noch sieben weitere Schmuckstücke – Ringe und Armbänder – zu Tage. Ein wahrer Goldschatz – den sie „natürlich" behielten und mir dann den inwendig arg zerfetzten Muff zurückgaben. In einem von den Soldaten unbeobachteten Augenblick verpasste meine Mutter mir eine schallende Ohrfeige und zischte mich an: „Du bist schuld, dass Omas Erbe nun in den Händen der Russen ist! Kannst du dich denn nicht einmal vernünftig verhalten?"

Später, als wir schon in Ostdeutschland waren, erfuhr ich, dass Mutti auch noch in meinen Mantelsaum Schmuck eingenäht hatte, den „schmuggelte" ich tatsächlich, weiterhin unwissend, über die Grenze – *diese* Ringe und andere Schmuckstücke meiner Großmutter habe ich immer noch.

Aber nun zurück zu unserer Rückreise – wir Kinder konnten dieses „Eingepferchtsein", diese unselige Rückreise kaum noch ertragen, doch dann ging es nach ungefähr einer Woche Aufenthalt an der russisch-polnischen Grenze – wir schliefen weiter in unseren russischen Zugabteilen – weiter und wir kamen irgendwann mit dem ganzen, viele, viele Personenwagen und Güterwagen langen Zug-Treck in Frankfurt an der Oder an.

Dort empfing man uns im wahrsten Sinne des Wortes „mit Pauken und Trompeten" und führte uns im Namen des Zentralkomitees in eine Bahnhofsgasstätte – wo wir nicht nur offiziell als „Heimkehrer" begrüßt wurden, sondern auch etwas zu essen bekamen. Eine Kellnerin mit weißer Schürze und „Mitropa"-Häubchen kam zu uns an den Tisch und fragte: „Was kann ich ihnen bringen?“ Und da riss es mich zu dem Ausruf hin, ganz laut in den Saal: „Mutti, Mutti, die spricht ja Deutsch!“ Das kannte ich ja nun gar nicht, dass man in einem öffentlichen Lokal auf Deutsch angesprochen wurde – ich kannte Deutsch ja nur als „Binnensprache“ im Schloss unter den Deutschen dort und in der Familie und nun – nun sprachen diese Frau und auch der offizielle Redner Deutsch.

Mir dämmerte es zum ersten Mal, dass ab sofort nur noch diese Sprache, diese von mir nicht sonderlich geliebte Sprache (ich mochte „mein“ Russisch lieber) gesprochen werden würde, mich hier keiner verstehen würde, wenn ich Russisch sprach.

Von Frankfurt an der Oder ging es dann weiter nach Ost-Berlin. Dort wurden wir erst mal im Hotel Adlon untergebracht. Dieses einstige Luxushotel wurde im Oktober 1907 eröffnet und brannte nach einem Bombenangriff im zweiten Weltkrieg bis auf einen Seitenflügel aus, der noch bis 1984 stand und dann auch abgerissen wurde, um einen Neubau zu weichen.

Uns Kinder begeisterte besonders der Paternoster, fortlaufende offene Kabinen mit Umlaufbetrieb, den man mutig hinein springend besteigen und verlassen musste. Die Kabinen werden am oberen und unteren Wendepunkt über große Scheiben in den jeweils anderen Aufzugsschacht umgesetzt. Die Beförderung von Personen beim Wendevorgang ist möglich und gefahrlos. Zuerst hatten wir Angst, mit diesem umlaufenden „technischen Drachen“ durch den Dachboden und den Kellerbereich zu fahren, dann wurden wir aber immer mutiger und konnten uns stundenlang allein mit diesem Drachen von Fortbewegungsmittel, das wir aus Russland natürlich nicht kannten, vergnügen. Allerdings zum Ärger der anderen Bewohner des Hotels Adlon, die durch uns in der Benutzung des Paternosters sehr eingeschränkt, behindert wurden.

Auch der Autoverkehr in Berlin – er war für uns, die wir nicht nur aus dem fernen Russland, sondern auch aus einer Kleinstadt kamen, ein Erlebnis; wir mussten sehr aufpassen, um nicht überfahren zu werden, denn so viele Autos auf der Straße – auch das kannten wir nicht.

Und dann erst die U-Bahn, zu deren Haltestellen wir mit Rolltreppen rauf- und runterfuhren. Ach, es gab so viel zu entdecken und auszuprobieren. In dieser Anfangszeit in Ostberlin war das Leben für uns Kinder ein einziges Abenteuer.

Schlimm war allerdings der Zustand der Häuser oder, besser gesagt, in der Innenstadt gab es jetzt, acht Jahre nach Kriegsende, noch unendlich viele Ruinen oder zu Schutthaufen zerbombte Hausreste. Manchmal sah man noch halbe Zimmer in luftiger Höhe, ohne Vorderwand mit zerfledderten Tapeten, Gardinen und Mobiliar. Später dann haben wir als Pioniere in diesen Ruinen nach Buntmetall gesucht, um unserer Brigade einen sehr beliebten Preis zu verschaffen. Es gab Altwarentrödler, die durch die Straßen liefen und dabei singsangten: „Lumpen, Eisen, Knochen und Papier“, bei denen konnte man dann seine Fundsachen abliefern und bekam ein paar Pfennige oder sogar Markstücke dafür.

Damit unsere Mütter sich in Berlin um Wohnungen für ihre Familien bemühen konnten, bekamen wir im Hotel Adlon in der ersten Zeit eine Kindergärtnerin, die auf uns aufpassen sollte, die aber auch Unternehmungen mit uns machte und mit uns Spiele spielte und bastelte.

Da diese Suche und die Einrichtung unserer neuen Wohnung in Berlin in der Warschauer Straße 65 aber doch sehr viel aufwendiger war und länger dauerte, gab Mutti uns dann erst mal zu den Großtanten und Großonkeln (Geschwister meiner Großeltern) nach Rießdorf.

Hier erlebte ich zum ersten Mal einen Wohlstandsschock, denn Onkel Richard hatte unter dem Dach des Hofes so viele Würste und Schinken hängen, dass man davon hätte jahrelang leben können. Auch bekam ich zum ersten Mal frische, knackige, leckere Schrippen (Brötchen) mit dick Butter und Fleischsalat bestrichen (bisher kannte ich nur karge Lebensmittelmengen, auf Lebensmittelkarten rationiert) und da habe ich mich dann wohl so gründlich überfressen (und übergeben), dass Ich noch viele Jahre keinen Fleischsalat mehr essen mochte.

Damit wir aber auch in Deutschland wieder beschult wurden, gingen mein Bruder und ich jeden Tag die fünf Kilometer hin und fünf Kilometer zurück nach Radegast in die dortige Schule. Der Lehrer war, wie konnte das in unserer Familie anders sein, ein Cousin meines Vaters, der „junge Richard'l", im Gegensatz zum alten „Onkel Richard" in Rießdorf. und auch sehr streng. Der Lehrerberuf war in meines Vaters Familie ein häufig anzutreffender Beruf, denn schon der Großvater war ja Lehrer gewesen. Ich kann mich nur noch an diesen endlos langen und öden Weg von Rießdorf nach Radegast erinnern. Die einzigen Abwechslungen für den suchenden Blick auf diesen endlosen, riesigen Feldern waren die durch Bombeneinschläge entstandenen Bombentrichter mit einem Wasserloch mittendrin und ein paar Büschen und niedrigen Bäumen rundum. 1952 hatte man schon die Landwirtschaftlichen Produktionsgenossenschaften – LPGs – eingeführt. Am Anfang wurde das noch teilweise freiwillig und später dann durch die Zwangskollektivierung erreicht. Diese staatlich angeordneten Zusammenschlüsse von Bauern und deren Produktionsmitteln sowie anderer Beschäftigter zur gemeinschaftlichen agrarischen LPG.
Wir sind also vier Wochen lang bei Wind und April-Wetter diesen Weg marschiert, haben unsere ersten schulischen Erfahrungen in Deutschland gemacht und bei den Großtanten und Großonkeln, was das Essen betraf, wie im Schlaraffenland gelebt.
Dann kam Mutti, um uns nach Berlin zu holen, in die von ihr in diesem Monat mit den aus Russland mitgebrachten Teilen unseres Hausrats eingerichtete Wohnung in der Warschauer Straße. Hier wurden wir dann in der Nähe der Stalinallee eingeschult und dort traf ich dann auf meine erste deutsche Freundin – auf Gisela –, die wie ich neu in der Klasse war. Ihr Vater war der Arbeit wegen aus Dresden nach Ostberlin versetzt worden.
In dieser Schule, in der wir, weil noch so viele Schulgebäude nicht wieder-aufgebaut waren, hatten wir eine Woche Vormittagsunterricht und eine Woche Nachmittagsunterricht im Wechsel. Mittags gab es in unseren „Hen-

kelmann“, den wir neben unserem Schulranzen mit uns führten, einen „Schlag“ Schulspeisung.
Da ich aus Russland kam und damals in der „Zone“, in der sowjetisch besetzten Zone, natürlich alles Russische sehr angesehen und beliebt war – ging es mir vergleichsweise gut, denn ich konnte, durfte, sollte, über meine Zeit in Russland erzählen – wurde sogar in andere Klassen rumgereicht und im Russischunterricht, da wurde ich suspendiert, da diese „Anfänger“ gerade erst mit dem kyrillischen Alphabet begonnen hatten. Überhaupt stellte ich fest, dass ich in Russland in allen Fächern schon viel weiter gewesen war, und was ich in meiner russischen Dorfschule, in dieser einklassigen Schule gelernt hatte, das war: selbstständig arbeiten und mich konzentrieren können und das half mir hier erst mal sehr.
Ich wurde auch sehr bald „Ernst-Thälmann-Pionier“ und war wieder gut eingebunden in ein ähnliches System wie in Russland – das half mir bei der Eingewöhnung.
Schlimm wurde es dann für mich wieder ein Jahr später, als auch Vater aus Russland zurückkam und wir sehr bald in den Westen „rübermachten“, ich also schon wieder alles, was ich mir ein bisschen an Wurzeln aufgebaut hatte, loslassen musste – alle Freundschaften und Gepflogenheiten wieder rigoros als untauglich erklärt wurden. Aber darüber später dann mehr.

Birkengrüner Wind

Birkengrüner Wind, irgendwoher, schlug den schweren Schleier hoch, der all die Jahre über meiner Kindheit, dem Bruch zwischen den fröhlichen Kinderjahren und der Härte, der Verlorenheit, Heimatlosigkeit, die bis heute anhält, grautristbelastend, lag.
Kein Blick konnte ihn durchdringen, kein noch so heftiger Gedankensturm durchfetzen.
Doch nun, dieser birkengrüne, besonders duftende Wind. Er nahm meine Gefühle mit, trug sie auf leichten Schwingen hinter diese Wand von Jahren, weit, weit ging es zurück, zu mir, der Kleinen, die durch Wiesen und Wälder streifte, geborgen unter dem blauen Himmel, den Schmetterlingen leichtfüßig folgend, die im Duft der blühenden Birken sich wiegten, mit allen Sinnen Heimat atmend und dann, die Reise, im Zug, so lange, in die Ferne, welche die Eltern Heimat nannten. Graue Stadt, fremde Sprache, eingesperrt in vier Wände aus Stein, hoch oben über anderen Vierecken und nicht den Himmel sehen, da die Wände der nächsten Häuser zu nahe, nur graue Schatten werfen, graue Luft, kein Wind, eingesperrt auch er, nichts mehr mit sich führend, was die Sinne erfreute, das Fühlen belebte, die Phantasie anrührte.
Lernen, brav sein, anpassen und doch fremd bleiben, anders; gespannt, hin und wieder horchend auf die Sehnsucht, die unbestimmte, rotbuntgrün sie sich ausbreitet, nur um schnell sich wieder zu verkriechen, hinter den Gegebenheiten, Erfordernissen, Notwendigkeiten, bis es nur noch Härte, Existenz gab, die nicht mehr spüren, fühlen, sehnen durfte, um nicht zu versagen, dem zu entsprechen was man erwartete und ich selber nun als Norm empfand, heimatlos im grauen Land.
Und dennoch.
Birkengrüner Wind, irgendwoher ...?
Mein ganzes Sein, meine Wurzeln, meine Identität waren erbarmungslos erneut herausgerissen worden. Was ich konnte (russische Sprache, russische

Schrift, russische Geschichte, russische Geographie etc.), was ich dachte, was ich fühlte, alles das zählte jetzt nichts mehr, war falsche Währung, falsches Denken, falsches Gefühl.
Fremd, unendlich fremd war ich dort und es dauerte wieder sehr lange, bis ich mich zu erneuten Kontaktaufnahmen entschließen konnte, ein wenig heimisch wurde – doch wie das gerade so ganz langsam begann, ich so etwas ähnliches wie eine Freundin gefunden hatte, da flüchtete meine Familie erneut, diesmal in den Westen.

Die seltsame Parade

Ein fremdartiges Brummen, Dröhnen lag in der Luft, die Fensterscheiben zitterten. Ich stürzte zum Fenster und sah aus meiner luftigen Höhe, aus dem dritten Stock in der Warschauer Str. 165 in Ost-Berlin, Panzer durch die Straße rollen.

Voller Freude entdeckte ich kyrillische Buchstaben.

Das sind russische Panzer, dachte ich, da fahren russische Soldaten, mit denen kann ich endlich mal wieder Russisch sprechen. Vielleicht ist ja auch einer aus Leningrad dabei.

Seit drei Monaten hatte ich mit keinem Russen mehr gesprochen, war ich nun in diesem für mich so fremden Land, wenn ich auch eine Deutsche war, doch hatte ich ja mein ganzes, bisheriges bewusstes zehnjähriges Leben in Oranienbaum bei Leningrad verbracht. War ich doch in meiner Seele ein Russenkind, fehlten mir doch das vertraute Umfeld, die Gespräche, die Freundinnen, die Anerkennung in der Schule.

Und nun diese Panzer.

Sicherlich eine Parade wie neulich am 1. Mai.

Ich kannte das aus Russland, da war ich als Pionier, geschmückt mit der feiertäglichen weißen Schürze über dem braunen Schulkleid und dem roten Halstuch, auch immer zu Paraden, Festtagen, Ehrentagen aufmarschiert. Ich hatte mich da immer sehr stolz und stark gefühlt, dass ich Helden der Sowjetunion ehren konnte.

Ich überlegte, runter zu laufen, auch wenn Mutter nicht da war, sie war ja heute Morgen in den Westteil der Stadt zu Tante Christel gefahren und Vater war ja sowieso nicht da, der war noch in Oranienbaum in der Sowjetunion, der hatte nicht mit nach Deutschland zurückkehren dürfen, ach, wie ich ihn beneidete, denn ich hatte auch nicht zurückkehren wollen in dieses mir so fremde Land.

Es würde sicherlich nicht lange dauern und bis Mutter zurück ist, wäre ich ja längst wieder zu Hause.

Schon sah ich nur noch die Rücklichter (oder haben Panzer gar keine Rücklichter, bildete ich mir das nur ein?), jedenfalls entschwanden die Panzer schon meinem Blick, ich konnte nur noch den Gestank des schlechten Diesels riechen und das ferner werdende Brummen und Dröhnen hören, das sich Richtung Oberbaumbrücke entfernte.

Schnell lief ich im Treppenhaus die drei Stockwerke hinunter und hinter den entschwindenden Freunden hinterher.

Es war für mich kein Problem, die langsam fahrenden Panzer und Mannschaftswagen einzuholen. Den ersten Soldaten, den ich sah, sprach ich auf Russisch an. Dieser reagierte erstaunt, ja, er lachte sogar und fragte mich, woher ich denn so gut Russisch könne. Schnell erzählte ich ihm, dass ich erst seit drei Monaten hier in Ostberlin sei, dass ich eigentlich aus der Nähe von Leningrad käme – dass ich ganz eigentlich in Eckernförde an der Ostsee geboren war und noch eigentlicher wie meine Eltern und Vorfahren aus dem Sudetenland stammte, das verschwieg ich ihm. Ich machte mich wie in den letzten sieben Jahren, zum Russenkind, froh, endlich wieder vertrautes Terrain unter den Füßen zu haben.

Steig doch zu uns auf den Panzer, sagte der Soldat und hob mich kurz entschlossen als Maskottchen hinauf.

Konnte ich wissen, dass das keine Heldenparade war, dass es für die Ostberliner um die Freiheit ging, um den Versuch, die Russen abzuschütteln, die sich so bemächtigend überall festgesetzt hatten, die ihnen die Art und Weise, wie sie zu leben hatten, unter Androhung strengster Strafen auferlegten. Konnte ich wissen, dass die Mehrheit der Ostberliner gegen den Kommunismus, gegen die Russen war, wo es für mich doch Heimat, Vertrautheit, Freude war, endlich wieder am richtigen Platz zu sein, verstanden zu werden – und zwar nicht nur in der Sprache, sondern auch im Denken, in meinem Wissen, denn das war ein existentieller Einbruch in mein zehnjähriges Leben, diese Rückkehr nach Deutschland.

Alles, was ich war und wusste, war falsch, interessierte niemanden. Wer gab mir hier schon gute Zensuren für meine Kenntnisse in russischer Geschichte, in russischer Geographie, russischer Sprache – naja das ging noch, denn in der Schule gab es Russisch als Fremdsprache, doch hatte man mich nach zwei Wochen vom Unterricht zurückgestellt, da ich zu gut war – die anderen Kinder hatten in der fünften Klasse gerade mit dem Alphabet und den allerersten Wörtern angefangen – und, wie sich die Lehrerin ausdrückte, unterfordert sei und dadurch eher nur stören würde; und außerdem spräche ich einen entsetzlichen Leningrader Dialekt. Das sagte die Russischlehrerin, die selber noch nie in Russland war und die die Sprache selber nur theoretisch in der Schule gelernt hatte.

So hatte ich alles verloren, was mir wichtig war, was mein Leben und Denken ausmachte, und deswegen war ich ja so froh, dass ich hier mal wieder so sein durfte, wie ich wirklich war.

Strahlend saß ich also auf dem Panzer und erlebte so, dass die Russen an der Oberbaumbrücke vor einer größeren Menschenmenge Halt machten.

Ein anderer Soldat, wahrscheinlich ein Vorgesetzter, herrschte mich an, runterzukommen und zu verschwinden.

Nun kam ich zwischen der Menge zu stehen und dort erfuhr ich, dass man sich gegen die Sowjets auflehnte, dass diese Panzer einen Aufstand der Ostberliner Bürger niederschlugen, dass die Russen hier in Berlin die Freiheit unterdrückten.

Völlig verstört ob meiner widerstreitenden Gefühle, denn wie konnte man nur die Russen als schlimm, als Unterdrücker empfinden, wo ich selber diese doch als Freunde, als mir Nahestehende empfand, ging ich nach Hause zurück.

Mein Bruder wartete schon in der Wohnung auf mich, er hatte sich große Sorgen gemacht, denn er war der Ältere und fühlte sich verantwortlich. Die Mutter hatte angerufen und ihm mitgeteilt, dass sie nicht über die Grenze zurück könne, da die Grenzübergänge geschlossen worden seien und überall Russen aufmarschiert waren. Sie wisse nicht, wann sie zurückkommen könne, doch die Kinder sollten unbedingt in der Wohnung bleiben, auch nicht in die Schule gehen, denn es sei eine Ausgangssperre verhängt worden

und es dürften nicht mehr als zwei Personen auf der Straße zusammen gesehen werden. Die Russen würden auch schießen.
Nun war es natürlich vorbei mit meiner Freude am Wiedersehen mit den russischen Soldaten.
Ich zog mich weinend in mein Zimmer zurück – ich konnte gar nichts mehr verstehen, war völlig verwirrt, an diesem 17. Juni 1953 in der Warschauer Straße in Ostberlin.
Hier gab es von den Eltern Druck – ich solle mich anpassen, wie es sich für ein Mädchen aus gutem Hause gehörte. Doch ich hatte nur noch hilflos baumelnde Luftwurzeln zu bieten, hatte Angst, mich zu erden, Bindungen einzugehen, da diese ja doch nur, wie es mich meine Erfahrungen gelehrt hatten, in kürzester Zeit nichts mehr galten, falsch waren, abgeschnitten, rausgerissen werden mussten. Und so bin ich bis heute noch als erwachsene Frau oft nicht in der Lage zu glauben, dass ich irgendwann mal auf meiner Wanderschaft ankommen werde, bilde ich immer nur hilflos baumelnde Luftwurzeln aus.
Kann ich jederzeit flüchten.

Schneeengel

Mein zehnter Geburtstag, auch er schon mit gebrochenem Herzen im strahlenden Sommersonnenschein in dieser für mich so fremden, großen Stadt, Berlin – umspült von den immer noch unangenehmen Lauten dieser Sprache, die nicht meine, nur die meiner Eltern war – zwangsumgezogen aus meiner Heimat, dort am weißen Ostseestrand, in der Sowjetunion in der Nähe von Leningrad, wo ich hätte baden können, unter den Kolonnaden dieses Geburtstagsfest feiern, Freundinnen an der Geburtstagstafel, Raum, Natur, Freiheit und vor allem – Vater!

Vater war nicht da! Würde er je wieder in mein Leben zurückkehren?

Es schmerzte, schmerzte mehr als Heimatverlust, Sprachverlust, Leistungsabfall, mehr als dieser schwere Stein auf der Brust, der das Atmen erschwerte, der der Sonne die Kraft nahm und Winterkälte durch meine Poren trieb, die Fröhlichkeit erstarrend, jede Lebenslust erstickend, sich in mir festkrallte.

Seit einem halben Jahr nun hatte ich den Boden unter den Füßen verloren, trieb ich mit Mutter und Bruder, die mir auch keinen Halt geben konnten, in diesem fremden Land, in Deutschland, das meine Eltern Heimat nannten, uferlos umher, wie eine Schallplatte mit Kratzer, die Sehnsucht wiederholend, zurück, zurück – nach Hause ...

Dabei war das gar nicht mein Zuhause – mein Vater ein deutscher Spezialist für Torpedoentwicklung, 1945 zum Arbeiten zu den Sowjets in die Nähe von Leningrad, nach Lomonossow am Finnischen Meerbusen gegangen, und ich – kleines deutsches Mädchen – mit Mutter und Bruder und Großeltern einige Monate später ebenfalls aufgebrochen in dieses ferne, fremde Land, von dem ich nichts wusste – Hauptsache Mutter und Vater, Geborgenheit, hüllten mich ein.

Das Leben nach dem „Großen vaterländischen Krieg" als deutsches Mädchen dort, in der stalinistischen Sowjetunion – da galt es unterzutauchen, russisch zu werden, bis in die Seele, nur nicht auffallen und schon gar nicht

als eine von denen, die diesen Krieg geführt, Schuld an so viel Tod und Leid der Russen hatten.
Ich hatte mich eingehüllt in eine von mir erschaffene, russische Identität, begünstigt durch meinen tschechischen Mädchennamen, und aus meinem deutschraunenden Vornamen machte ich: „Drunja“ und war so sieben Jahre lang ein Russenkind, „Dewuschka Drunja“ im Schulkleid mit rotem Pionierhalstuch, mit Belobigungen und Auszeichnungen in der Schule – und Vaters ganzer Stolz.
Und nun – diese Fremde, Deutschland. Nichts, gar nichts gab es, an dem ich, Drunja, die ich nun wieder Heidi – Heidrun war, mich orientieren konnte, und nicht mal Vater war da, der sonst einen Rat hätte und schützende Arme, Geborgenheit um mich erschuf.
Mutter zurück in ihrer Heimat: „Die Russen haben mir sieben Jahre meines Lebens gestohlen“, sagte sie ständig; überschäumend von Lebensgier, Lust auf Leben und Lieben, flirtete sie mit jedem Mann, der ihr hier, in Berlin, Berlin-Ost, ein Lächeln, Aufmerksamkeit schenkte – sie genoss die Stadt, das Leben, diese Rückkehr, sah und fühlte nicht, dass ihre Tochter immer dunkler, schwerer, ohne Hoffnung und Trost sich einigelte, zurückzog, ihr entglitt.
Und nun, sechs Monate noch dieser Rückkehr in die Fremde, waren sie zu viert, ja, zu viert – Mutter, Bruder, sie und „Onkel John“, was für ein Wort für diesen Kerl, der sich da in unser aller Leben gedrängt, sich um Freundlichkeit bemüht hatte, wo ich ihn doch am liebsten gebissen, gekratzt, weggescheucht, den Platz für den geliebten Vater wieder frei gemacht hätte, der immer noch in Russland war, nicht wusste, wann er zu uns, zu seiner Familie heimkehren konnte, und da war dieser Ersatzmann – was wusste ich mit meinen zehn Jahren schon von den Bedürfnissen einer jungen, hübschen Frau, für mich war das meine Mutter und zu der gehörte nur einer – Vater!
So verbrachten wir die Weihnachtstage dort in Oberhof zum Skilaufen – mit diesem fremden Mann, mit dem Mutter in einem Zimmer schlief, der

sich so sehr zwischen mich und meine Mutter drängte, die nur ihn sah, hektisch lachte, trank, rauchte, eng umschlungen tanzte und mir, mir brach das Herz noch einmal über diesem Verrat.
Ich wusste nur, dass dieser Mann hier nicht hingehörte, dass er nicht als Onkel, Vater, als gar nichts bei mir landen konnte.
Der Schnee dort draußen, an diesem Heiligabend, dieser Weih-Nacht, die für mich so unheilig, bedrohlich und einsam war – Tannenbaum in der Hotelhalle, fremde Menschen, Geschenke, die ich gar nicht wollte – der Schnee, der das Heimweh nach Oranienbaum in der Sowjetunion entfachte wie eine lodernde, beißende Flamme – diese schneeüberzogene, glitzernde Weihnachtsnacht, wie damals, als ich mit meinem Vater das kleine Bäumchen trug unter dem großen Wagen, der am frostkalten, sternenklaren Himmel prunkte, ach ja, nur noch einmal mit Hilfe von Vaters Erklärungen ihn dort oben finden. Dieses Glück empfinden, weitere Chiffren der Welt enträtseln zu können. Eingemummelt in die wattierte Jacke und die Füße warm in den Walenkis, den russischen Filzstiefeln, die eine Hand heiß und geborgen in Vaters Hand und die andere in meinem Muff vergraben. Nähe, Wärme, Behütet-Sein spüren, aber auch die Unendlichkeit, Größe und Einsamkeit dieses Da-Seins, wie damals in meinem sechsten Lebensjahr.
Und jetzt, jetzt liege ich verlassen, alleine in diesem kahlen, Hotelzimmer, sterbensschwer und einsam. Ich stehe auf, hole mir die Skier aus dem Schuppen und gleite hinaus in die Nacht, in diese ruhige, kalte, schneefunkelnde Nacht mit dem großen Wagen schützend über mir – ziehe einsam meine Bahn, weiter, weiter, weiter – bis mein Schmerz sich auflöst, ein Rinnsal sich über die kalten Wangen bahnt und ein schweres Schluchzen mich endlich von dem Druck befreit. Ich halte an, steige aus der Bindung und lege mich rücklings in den unberührten Schnee, mache einen „Engel“ mit Armen und Beinen, immer wieder, immer wieder … und plötzlich spüre ich ihn hauchzart in mir, diesen Engel, Engel der Heiligen Nacht, diesen Engel der Hoffnung, Zuversicht und des Mutes. Diesen Engel, der ein bisschen Ähnlichkeit mit meinem Vater hat. Beherzt lege ich die Skier wieder

an und wandere den weiten, nächtlichen Weg zurück zum Hotel, in mein Zimmer – niemand hatte mein Fehlen bemerkt, mich vermisst: Ich werde nie mehr alleine sein!

Katholische Gebete

Ich bin zwar in der Tschechoslowakei, früher Sudetenland-Böhmen, als Kleinkind katholisch notgetauft worden, da ich lebensbedrohlich an Typhus erkrankt war, doch bin ich dann mit meinen Eltern in der UdSSR der Stalinzeit „gelandet", habe also mit Religion, Beten und Ähnlichem nichts zu tun gehabt. Mein Vater sagte immer, dass er „gottgläubig" sei, aber nicht religiös.

Als ich dann mit zehn Jahren in die DDR nach Ostberlin kam und in der Warschauer Straße drei Kinder über uns wohnten, deren Vater evangelischer Pastor war, bin ich mit denen in die Sonntagsschule gegangen, was ich sehr spannend fand.

Die biblischen Geschichten – ich hatte ja null Ahnung davon – und hin und wieder gab es nette kleine Bildchen, Bildergeschichten, Kakao und Kekse … Nur – das Beten machte mir Probleme, denn ich hatte, woher auch immer, die ganz „klare" Vorstellung, dass Katholiken mit flachen, aneinandergelegten Händen beten und diese evangelischen Kinder hier, sie beteten mit ineinander verschlungenen Fingern, wie eine Doppelfaust.

Um „meinen" lieben Gott – den der Katholiken – nicht zu verprellen, man weiß ja nie, hielt ich meine Hände unter die Kirchenbank und betete dort heimlich „katholisch".

Meine Ostberliner Freundin Gisela

Mit meiner ersten Schulfreundin, Gisela aus Ost-Berlin, bin ich nach der Wende 1989 dreimal handgefasst um das Brandenburger Tor gelaufen, wir konnten es nicht fassen, wir mussten es beschwören, wie im Märchen, die magische Zahl drei, wenn dann immer noch alles war, wie es ist, dann war es Wirklichkeit, wahrhaftig wahr, die Wiedervereinigung, es gibt sie. Mit der S-Bahn die Strecke über Friedrichstraße fahren,, einfach so, jederzeit, weiter, keine Schikanen, keine Grenze – unfassbar.

Seit 1953, als ich mit meiner Familie „rübergemacht“ hatte, bin ich alleine diesen Weg, diese Einbahnstraße von West nach Ost gegangen. Habe ich mich den zahlreichen Schikanen ausgesetzt und bin doch immer und immer wiedergekommen, um die alte Schulfreundin Gisela, ihre Schwester und Familie zu besuchen. Habe ich den Kontakt, die Beziehung aufrechterhalten. Nur umsteigen, das kann ich auch im Jahre dreißig der deutschen Einheit am Bahnhof Friedrichstraße immer noch nicht. Sie sitzen zu tief, diese Erlebnisse im „Glaspalast, Tränenpalast“ in den unterirdischen U-Bahnschächten, Alpträume verursachende Erlebnisse der Angst, der Ohnmacht, der Hilflosigkeit, des Ausgeliefertseins. Das wird noch einige Jahre dauern, ehe ich diesen Bahnhof wie irgendeinen Bahnhof auf der Welt werde betreten können.

Wir beiden Frauen, die Gisela dort im Ostteil der Stadt und ich hier im Westen, welche Parallelen und welche sternenweiten Entfernungen in unseren persönlichen Werdegängen, in unseren privaten und beruflichen Lebenswegen.

Ich, die ich in den Westen verbracht worden war, denn gern war ich in den ersten Jahren dort nicht, habe mich fremd gefühlt, verstand die Normen und Regeln, die Verhaltensweisen der anderen Kinder nicht, war anders, hatte andere Werte und Maßstäbe im Kopf und im Herzen.

Schließlich hatte ich als „Junger Pionier“ versprochen: So zu leben und zu lernen, dass ich würdig bin, Mitglied der Pionierorganisation zu sein, die den Namen *Ernst Thälmann* trägt, und das bedeutete, wie in meinem Pionierausweis stand, dass jeder Pionier verpflichtet war, stets zu lernen, zu arbeiten und zu kämpfen, wie Ernst Thälmann es tat. Weiter glaubte ich daran (und nicht nur, weil ich darauf vereidigt worden war), dass Junge Pioniere den Menschen achten, dass sie ein Teil des werktätigen Volkes sind. Pioniere lieben ihre Heimat, sie helfen mit im Kampf um den Frieden, um ein einheitliches, demokratisches und friedliebendes und unabhängiges Deutschland und um den Aufbau des Sozialismus in der Deutschen Demokratischen Republik.

Die weiteren Pioniergrundstäze waren:

- sind Freunde der Sowjetunion
- halten Freundschaft mit anderen Völkern
- achten ihre Eltern
- lieben die Wahrheit
- lernen gut
- helfen überall mit
- sind zuverlässig
_ halten ihren Körper sauber und gesund
- sind anderen Freund
- halten ihr blaues Halstuch in Ehren …

Alle diese Ideale, Grundsätze, waren mir im Weg, um mich dort im Westen in den ersten Jahren heimisch zu fühlen, denn hier hatte das Wirtschaftswunder bereits zu greifen begonnen. Die Kinder verabredeten sich in Cliquen, zu denen ich nicht gehörte. Geld und Besitz, den wir als Republikflüchtlinge nicht hatten, bestimmten Status und Anerkennung in der Klasse und in der Freizeit.
Damals bei der Flucht, das wäre meinetwegen beinahe schief gegangen, denn die Eltern hatten mir nicht gesagt, das wir flüchteten, dass ich *nie* wieder zurück könnte. Einen Ausflug, einen Besuch bei Tante Christel im Westteil der Stadt hatten wir angeblich gemacht, und ich hatte dann dort erst erfahren, dass es *nie* wieder zurückgehen sollte.
Damals konnte man noch mit der U-Bahn einfach so vom Osten in den Westen und umgekehrt fahren, wenn man auch ständig mit Kontrollen und Repressalien rechnen musste. Ich bin mit meinen elf Jahren kurz entschlossen in die U-Bahn gestiegen und nochmal in den Ostsektor, zur Warschauer Straße in die alte Wohnung und in die Stalinallee zur Freundin gefahren, um mich zu verabschieden.
Als ich dann wieder mit der U-Bahn zurück in den Westen zu den Eltern kam, gab es Ohrfeigen und Schimpfe – wenn ich damals von jemandem auf-

gehalten, festgehalten worden wäre, dann hätte ich die ganze Familie ins Unglück stürzen können, dann wären wir alle nach Bautzen gekommen.
Die Gisela konnte damals, als sie sich von mir verabschiedete, sowieso nicht das Ausmaß der Flucht, dessen, was das für uns Freundinnen und unsere Freundschaft bedeutete, erkennen.
Erst als die Jahre vergingen, wir beide eine Lehre begannen bzw. eine Ausbildung, Ich lernte Dekorateurin/Schaufenstergestalterin und Gisela wurde Krankenschwester, sahen wir uns zum ersten Mal wieder. Fuhr ich durch die „Zone" mit dem Zug nach Westberlin, wo ich bei der Tante im Wedding übernachtete, die uns damals, bei diesem ersten Ost-West-Gang, bei unserer Flucht, schon beherbergt hatte, und ging dann (inzwischen war schon die Mauer gebaut worden) zum ersten Mal beim Übergang Friedrichstraße in den Osten der Stadt.
Übergang, was für ein Wort, bei all den Kontrollen und Sperren, mit „über etwas gehen" hatte das nur sehr wenig zu tun. Doch bereits beim Transit durch die DDR wurde ich im Zug schikaniert, holte man mich raus aus dem Zug, denn ich führte ja den Namen meines Vaters, der ziemlich auffallend war, da selten, weil er ja aus dem Sudetenland stammte und der somit auffiel. Ich musste alle Gepäckstücke in einen Schuppen auf dem Bahnhof schleppen und alles wurde genauestens untersucht. Man stellte mir Fragen nach meinem Vater, was der jetzt mache, wo er arbeite usw. und nach ungefähr dreißig Minuten konnte ich wieder einsteigen.
An dem Fußgängerüberweg Friedrichstraße – U-Bahnschachttrauma wäre ein besseres Wort gewesen – passierte nochmal genau dasselbe, nur mit der Verschärfung, dass meine Nummer, die Nummer 914, die ich, nachdem man mir den Pass abgenommen hatte, verpasst bekommen hatte, erst nach zwei Stunden aufgerufen wurde. Und das erst, als bereits alle anderen bis zur Nummer 3845 aufgerufen und weggegangen waren und man mir beim Filzen selbst das Burda-Schnittmusterheft, das ich der Familie meiner Freundin mitbringen wollte, abgenommen hatte.

Gestresst und verängstigt kam ich dann zwei Stunden nach der mit der Freundin verabredeten Zeit am anderen Ende des Tunnels wieder ans Tageslicht, in Ostberlin unter dem immer noch gleichen Himmel, und brauchte erst mal einige Stunden, um mich von den Schrecken zu erholen.
In den folgenden Jahren habe ich mich dann trotz der Angst und der Unbilden immer wieder durch diese Sperre, Grenze, Mauer begeben, um mich mit der Freundin und ihrer Familie zu treffen.
Einmal war es eine weitere, besonders dramatische Situation, die sich aber nur kurz gestaltete und dennoch im überstandenen Schrecken danach in der Alptraumversion immer wieder von mir durchlebt wurde.
Ich war wie so oft schon, beim Übergang Friedrichstraße „eingereist", wie es so schön hieß, hatte meinen Pass auf meine Seite an einem Doppelständer gelegt, meine Nummer bekommen und gewartet. Dann hatte ich meinen Pass (ohne ihn aufzuklappen und innen anzuschauen – von außen sahen alle gleich grün aus) eingesteckt und war zu der Freundin auf der anderen Seite gelaufen. Dort hatte ich einen herrlichen Tag verlebt, und erst am Abend, so ziemlich kurz vor der letzten U-Bahn, brachte sie mich wieder zum „Glaspalast" an der Friedrichstraße zur Rückkehr in den Westen. Ich reichte dem Beamten meinen Pass, der schaute mich an, schaute den Pass an und fragte mich, wie ich fand, sehr blöd, ob ich das sei, da auf dem Passbild. „Was glauben Sie denn, wer das sein soll?", antwortete ich etwas pampig. „Ich frage Sie nochmal, sind Sie das?" Ich sagte: „Ja, natürlich." „Dann sehen Sie sich das Bild und den Pass doch mal an", meinte der Grenzbeamte. Als ich den mir zugereichten Pass anschaute, sah ich das Gesicht eines Mannes und den Namen Albert Schuster, und blitzschnell geriet mein Herz ins Stolpern, brach mir der kalte Angstschweiß aus und die Knie wurden mir weich.
Horrorszenarien von ostdeutschen Gefängnissen zuckten durch mein Hirn und ich stotterte nur: „Nein … natürlich bin ich das nicht." Mit ängstlichen Augen reichte ich den Pass zurück und sagte zu dem Beamten, dass dieses natürlich nicht mein Pass sei. Nun wurden mir Fragen gestellt, wie ich hei-

ße, wann und wo ich geboren sei, wo ich wohnte und vieles mehr, und als ich diese Fragen in einer mir schier unendlich dauernden Angstzeit beantwortet hatte, lächelte der Frager, was ich in so einer Situation an der dortigen Grenze noch nie erlebt hatte, und sagte zu mir: „Na, dann kommen Sie mal mit nach hinten, da sitzt seit drei Stunden der Herr Schuster und wartet auf Sie, denn er hat ja Ihren Pass."

Ein Felsbrocken der Erleichterung fiel mir vom Herzen, und nachdem noch einige Fragen beantwortet, zwei Formulare unterschrieben waren, fuhr ich mit Herrn Schuster in den Westteil der Stadt, wo wir beide erstmal zusammen einen Tee trinken gingen um den überstandenen Schrecken sacken zu lassen.

Ich dachte nur immer wieder, was ich wohl gemacht hätte, wenn ich im Verlauf des Tages im Osten irgendwann in „meinen" Pass geschaut hätte und festgestellt hätte, dass er mir gar nicht gehörte – ich wäre den ganzen Tag vor Angst gestorben, hätte mir die fürchterlichsten Variationen ausgemalt und hätte mich gar nicht an den Kontrollpunkt herangewagt. So war dieses Erlebnis ja wirklich noch mal glimpflich abgegangen, und als ich das alles bei meinem nächsten Besuch der Freundin erzählte, wurde die im Nachhinein noch ganz blass vor Schreck.

Später dann war ich Erzieherin und Diplom-Sozialpädagogin geworden und hatte geheiratet. Mein Mann fuhr auch mit nach Ost-Berlin und dort trafen wir uns mit Gisela und ihrem Mann. Auch die jüngere Schwester von Gisela, die Margot, hatte zwischenzeitlich geheiratet, und obwohl sie die jüngere der beiden Schwestern war, bereits ein Kind bekommen. Margots Mann war strammer Parteigänger der SED und der Kontakt mit Westlern für sie und ihre kleine Tochter Claudia deswegen eigentlich verboten. Wir warteten deswegen immer, bis der Gatte zum Jagen mit den Bonzen an einem Wochenende weg war, damit wir drei uns treffen konnten. Ich hatte besonders das kleine Mädchen ins Herz geschlossen, das immer gar nicht verstehen konnte, warum ihre geliebte Tante Heidrun nicht über Nacht bleiben konnte und nur so selten kam.

Die Verhältnisse spitzten sich zu, der Kalte Krieg wurde kälter, und der Eiserne Vorhang immer unüberwindlicher, je nachdem wie man das betrachten wollte. Jedenfalls verbot Margots Mann ihr wegen seiner Karriere den Umgang mit der West-Heidrun, und so konnten ich und die kleine Claudia uns viele Jahre gar nicht mehr sehen.

Nur in einem Jahr, da war unsere Freude groß, denn endlich hatten wir einen Weg gefunden, um uns auch mal länger und ausgiebig zu sehen. Die westliche und die östliche Seite der Freundschaft traf sich am Schwarzen Meer bei einem gemeinsamen Sommerurlaub, wenn auch in getrennten Hotels und mit verschiedener Währung zahlend, deren Beliebtheitsgrad bei den einheimischen Menschen sehr unterschiedlich angesehen wurde.

Vierzehn Tage und Nächte Zeit, um über alles zu reden, miteinander wieder richtig vertraut zu werden und zu feiern, zu baden, zu essen und die Freundschaft zu festigen, herrlich!

In der Folgezeit wurde Gisela erst Unterrichtsschwester und bekam einen Sohn, den Gunnar. Ich wurde geschieden und qualifizierte mich beruflich auch weiter, wurde Lehrerin an einer Fachschule. Gisela wurde auch geschieden und qualifizierte sich weiter, wurde Kieferorthopädin und machte ihren Doktor. Ich heiratete wieder und bekam nun auch einen Sohn.

Das Leben ging auf beiden Seiten seinen zähen, verschlungenen, individuellen, Monate und Jahre verschlingenden Gang. Ich kam mit den Schülerinnen meiner Schule in den Ostteil der Stadt, da Klassenreisen nach Berlin subventioniert wurden und so eine Klassenreise viel billiger wurde. Ich war ja eine gute Fremdenführerin in Ostberlin, da mit den Örtlichkeiten vertraut, und mit der Verantwortung für meine achtzehn Schülerinnen beim Grenzübertritt schwand meine persönliche Angst, denn ich musste die Schülerinnen beruhigen, die aus ländlichem Bereich in Niedersachsen kamen und noch niemals im Osten waren.

Ich arrangierte immer ein Treffen im „Haus des Lehrers“ am Alexanderplatz „Alex“, und dort bekam ich dann mit meinen Fachschülerinnen einen Vortrag über das fabelhafte DDR-Ausbildungswesen gehalten und wir wurden durch den Staatsrat der DDR auch zu einem Essen eingeladen. Dieses Essen im Restaurant im „Haus des Lehrers" war immer wieder eine besondere Erfahrung, denn außer der gedämpft-festlich-feierlichen Atmosphäre durch klassische Musik, roten Plüsch und scheinbar vorbildliche Kellner, fielen die westlichen jungen Damen Jahr um Jahr mehr auf, da die ungezwungene, offene und, wie ich zugeben muss, auch etwas laute Verhaltensweise der westdeutschen Schülerinnen dort einem Verhalten entsprach, das von DDR-Schülerinnen in der Öffentlichkeit so niemals gezeigt worden wäre. Ernst wurden sie zu mehr Ruhe und Vornehmheit ermahnt.

Ich hatte später ein Erlebnis der besonderen Art, als ich mit meiner Freundin Gisela drei Monate nach dem Fall der Mauer in das nun der Öffentlichkeit frei zugängliche Lokal im „Haus des Lehrers" ging und die gleiche Kellnerin, die uns drei Monate zuvor auf eine freundliche Bitte nach etwas mehr Gemüse hin barsch abgefertigt hatte, nun um uns herumscharwenzelte und immer wieder fragte, ob wir denn noch was wünschten, ob wir zufrieden seien etc. Ja, das hatten drei Monate Nachwendezeit schon bewirkt.

Nun noch mal zurück zu den Gleichheiten und Andersheiten. Da Gisela immer eher unangepasst im DDR System gelebt hatte und damals immer aufpassen musste, dass man sie nicht der Stasi vorführte, war es für sie nach der Wende ganz klar, dass sie nun endlich den alten Traum, sich als Kieferorthopädin selbständig zu machen, erfüllen wollte. Wie oft hatten wir heiß diskutiert, wie es ihr möglich sein könnte, in den Westen zu kommen, damit sie dort eine eigene Praxis aufmachen könnte. Von „Republikflucht", vom Heiraten eines Ausländers, der sie dann mit rüber nimmt, und anderen entsprechenden Plänen schwirrte mir nach jedem Besuch der Kopf, und ich hatte manches Mal Angst um die temperamentvolle Freundin.

Nun also ging diese mit ihren nunmehr neunundvierzig Jahren, davon keins mit Erfahrung in westlich-kapitalistischer Geschäftsführung, mutig und stark an die Realisierung, ist nun über zwanzig Jahre nach der Wende fest im Sattel und verdient sich eine goldene Nase, lebt endlich ihren Traum.

Inzwischen bin ich, die frühere „Reiche“ aus dem Westen, die Päckchen und Pakete schickte, zur „kleinen Angestellten“ geschrumpft, die nun ihrerseits von der Frau Doktor abgelegte „Edel-Klamotten“ erbt und bei Geburtstagen und anderen Festen in der Eigentumswohnung der Freundin in Köpenick, direkt mit Seegrundstück und eigenem Bootsanleger, oftmals still in der Runde sitzt und fürchtet, sich verirrt zu haben, wenn die Gäste meiner Freundin sich stundenlang über günstige Immobilien-Schnäppchen, Steuersparmöglichkeiten und andere Kapitalanlagen unterhalten, denn meine Welt ist immer noch die der sozial Benachteiligten, die der Kinder, und das jetzt nach der Wende umso mehr.
Über Politik, so haben wir beiden Freundinnen mehr als einmal bemerkt, können wir nun auch nicht mehr wie zu den Mauerzeiten reden, denn die inzwischen im Konsum fest verankerte Gisela denkt konservativ, „Werte erhaltend“ und unternehmerisch und ich bin immer noch und unverbesserlich ein „alter Sozi“.
Der Ehemann der Schwester, der SED-Parteigänger, bejammerte ausgiebig seine „Abwicklung“ und die Ungerechtigkeiten der Nachwendezeit, hatte erst einmal eine Durststrecke zu überstehen, ist heute aber wieder als Professor tätig.
Die Schwester, Margot, arbeitet auch in der kieferorthopädischen Praxis von Gisela und sogar der Sohn arbeitet dort mit.
Für mich hat sich in der Nachwendezeit beruflich und privat auch noch mal mit neunundvierzig Jahren eine interessante Stelle in einer norddeutschen Großstadt ergeben, ich habe diese angenommen und nun können wir zwei Freundinnen in der Märkischen Heide in Giselas Datscha zusammen Ferien machen, uns zu unseren Geburtstagen – und wann immer wir wollen – besuchen und sprechen und sind überglücklich über diese auch unsere private Freundschaftswende.

Kindliche Verzweiflung – die Kölner Jahre 1954 bis 1964 (11 bis 21)

Unter so viel Druck, unverstanden, zutiefst verstört in dieser mich ausstoßenden, mich nicht bergenden Zeit meines damaligen Lebens.
Ich, elf Jahre alt, bemüht, mich in diesem erzkonservativen katholischen Köln, das gerade mal neun Jahre nach dem Zweiten Weltkrieg noch sehr zerstört, zerbombt war, in diesem mir so fremden Land zurechtzufinden.
Die Lehrerinnen, Nonnen im Ursulinerinnen-Gymnasium, hatten mich, wie man so sagt „auf dem Kieker“, denn ich hatte ja noch nie von ihrem „lieben Gott“ gehört, war „ein Heide“, wie sie sagten: Ich machte alles falsch bei den Gebets- und Andachtsritualen. Aber noch viel schlimmer war der Druck wegen meiner schlechten schulischen Leistungen, besonders wegen der Rechtschreibung – mir fehlten ja die ersten vier Jahre der Grundschule in Deutschland. So machte ich im Diktat auf einer DIN A 4-Seite achtzig Fehler, denn woher sollte ich z.B. wissen, das Vater mit „V“ und Vase auch mit „V“ geschrieben wurde, wo doch der Vater sich eindeutig nach „F“ anhörte und die Vase nach „W“. Im russischen Alphabet gibt es kein „Vogel - V“. Allein diese „V“-Fehler waren schon zahlreich genug und dann noch Groß- und Kleinschreibung und was es da noch für Fallen gibt in der deutschen Rechtschreibung.
Die Nonne, Deutschlehrerin, nahm ihren gefürchteten Rotstift und strich nach Identifizierung dieser zahlreichen Fehler die ganze Seite mit so viel Vehemenz durch, dass das Blatt aufriss von der Wucht ihrer „gerechten“ Gefühle gegen mich, die schändliche Verursacherin dieses unglaublichen Diktats. Sie schrieb mit diesem Rotstift dann noch darunter, dass *das* eine Zumutung sei – ungenügend!
Natürlich musste ich diese Katastrophenseite meinem Vater zur Unterschrift vorlegen, meinem doch in Erziehungsfragen so extrem strengen Vater, der mich „zur Minna“ machte und mir vierzehn Tage Hausarrest und verschärftes Diktatüben – mit ihm – aufdrückte. Ich tat, wie alle es von mir verlangten, übte, übte, übte und schmorte eingesperrt in der Wohnung.

Nach diesen vierzehn Tagen gab es in der Schule ein erneutes Diktat und danach kam ein so großes Gefühl der Deprimiertheit, der Vergeblichkeit über mich, denn ich hatte ja *so* viel geübt und nun doch noch vierzig Fehler auf der Seite. Das war noch nicht das Schlimmste, viel schlimmer war die Reaktion der Erwachsenen, denn sie war ebenso wie die bei der Seite mit den achtzig Fehlern. Weder die Lehrerin-Nonne noch mein Vater hatten wahrgenommen, dass ich mich in nur vierzehn Tagen um die Hälfte – man lese und staune: um die Hälfte! – verbessert hatte.
Die Folge, weitere vierzehn Tage Hausarrest … Und da beschloss ich zum ersten Mal abzuhauen. Ich wollte zurück nach Russland, in meine mir vertraute, alte Heimat. Dort war ich eine sehr gute Schülerin – gelobt, belobigt, ausgezeichnet. Hier, in diesem schrecklichen Deutschland, würde ich nie wieder gelobt, geliebt werden. Nur Druck und Strafen und vergebliche Anstrengungen.
So hortete ich also alles Notwendige für meinen Aufbruch, Ausbruch aus diesem Zwangsleben. Ich legte mir Vaters Taschenlampe, eine Decke, Wurst, Käse, Knäckebrot aus der Speisekammer sowie eine Wasserflasche und Landkarten aus meinem Atlas zurecht, eine von Deutschland und eine von Russland, und machte mich in der Nacht, als die Familie schlief, auf den Weg in Richtung Osten. Was ich nicht berücksichtigt hatte, war, dass meine Eltern zur Polizei gegangen waren um mein Verschwinden am Abend des ersten Tages, anzuzeigen. Die Suchmeldungen nach mir, mit genauer Beschreibung meines Fahrrades und meiner Kleidung, kamen alle Stunde im Radio.
Die erste Nacht verlebte ich mutig auf einem Hochsitz an einem Waldrand, verspeiste auf meinem luftigen Abendplatz ein Stück Wurst und etwas Käse auf Knäckebrot und trank aus meiner Wasserflasche einen großen durstigen Schluck. Danach schlief ich dann tatsächlich dort oben in meinem Freiluftbett ein. Am nächsten Morgen strampelte ich auf gerader Straße mit etlichen Steigungen und herrlichen Abfahrten weiter in Richtung Osten. Doch gegen Mittag, ach, wie durchfuhr mich da ein eisiger Schreck, ich war ver-

loren, eingefangen, denn da hielt ein Polizeiauto neben mir an, die hatten nach mir gesucht und brachten mich zurück nach Hause zu meinen Eltern. Dort ohrfeigte mich mein Vater heftig, ehe er auch nur ein Wort mit mir sprach, und dann kamen ein schreckliches Donnerwetter, Schläge mit einem federnden Lineal auf den nackten Hintern, weiterer Hausarrest und noch mehr verstärkter Lerndruck. Kein Verstehen meiner Situation, keine Frage, *warum* ich ihnen *das* angetan hatte, nur was die Leute nun denken würden. Ich blieb stumm, es hatte ja doch keinen Zweck, sie würden mich doch nicht verstehen.

Ein paar Monate später versuchte ich erneut wegzukommen, schaffte es diesmal vier Tage lang radelnd in die so heiß ersehnte Richtung Osten zu gelangen, weil ich große Straßen mied, und ich lernte schnell ein „Ausreißerleben" zu führen.

Diesmal war alles noch viel schlimmer bei meiner Rückkehr nach Hause. Ich musste mit meiner Mutter zum Jugendamt, und die Frau dort befragte mich, warum ich denn weggelaufen sei. Da aber meine Mutter bei dieser Befragung neben mir saß, schwieg ich eisern – denn auch diese Frau würde mir nicht helfen können. Meine Mutter giftete nur: „Da sehen Sie es nur, das Kind ist verstockt. Ich komme nicht an es heran." Mit Erziehungsratschlägen „im Gepäck", zerrte mich meine Mutter, weiter vor sich hin schimpfend, wieder nach Hause.

Meine damalige Not blieb und so floh ich in den nächsten zwei Jahren noch weitere zwei Male. Beim letzten Mal kam ich bis an die DDR-Grenze, die damals noch Zonengrenze hieß, wo man mich einsammelte und nach Hause zurück transportierte.

Meine Akte beim Jugendamt wurde dicker und immer dicker und mein „Schuldkonto" im Elternhaus forderte meinen Vater zu immer härteren Strafen heraus, bis er anscheinend endlich doch begriffen hatte, dass das Gymnasium und die katholischen – mich mobbenden – Zustände dort, mein mich Fremdfühlen, mein Anderssein verursachten.

Und nun geschah mein ganz persönliches Wunder, denn Vater „steckte“ mich, an mir verzweifelnd (er empfand das als die härteste ihm noch mögliche Strafe), in die Volksschule, wo ich in die Achte, die Abgangsklasse, eingestuft wurde.
Und … das hatte wohl keiner erwartet: Hier wurde ich von einer mangelhaften bis ungenügenden zu einer befriedigenden bis guten Schülerin. Bekam ein gutes Abgangszeugnis aus der achten Klasse und kam mit knapp fünfzehn Jahren in die Dekorationslehre. Was aber blieb? In meinem folgenden Leben waren das die drei schrecklichsten Jahre meiner Eingewöhnung, meiner sogenannten Integration in Westdeutschland.
In meiner Micky Maus-Zeitung las ich, dass die Filmfirma Metro-Goldwin-Meyer für die Verfilmung von „Anne Franks Leben“ eine Schauspielerin suchte, die diese verkörpern sollte.
Anne Frank – das war doch ich! Niemand kann sie so gut darstellen wie ich, dachte ich, denn auch ich fühlte mich ausgestoßen, eingesperrt, ungeliebt, so fremd und trostlos einsam wie sie. Ich hatte das „Das Tagebuch der Anne Frank“ natürlich gelesen, verschlungen und war von ihrem Schicksal tief berührt, identifizierte mich mit Haut und Haar mit ihr. Ich fühlte mich innerlich so sehr mit ihr, ihrem schweren Schicksal verbunden. Insbesondere auch, weil sie den Nationalsozialisten, deren Holocaust zum Opfer fiel. Erst wurde sie, nach einem Verrat ihres Verstecks in Amsterdam, nach Auschwitz deportiert und von dort nach Bergen-Belsen, wo sie – wohl an Fleckfieber – kurz vor Kriegsende mit fünfzehn Jahren starb.
Anne Frank wurde am 12. Juni 1929 in Frankfurt am Main geboren. Ihre Familie lebte schon immer in Deutschland und pflegte den jüdischen Glauben. Als im Jahr 1933 die nationalsozialistische Partei von Adolf Hitler an die Macht kam, wurde das Leben der Juden in Deutschland aber immer schwieriger. Vieles wurde ihnen verboten. So durften sie zum Beispiel nicht Fahrrad fahren, nicht die Straßenbahn benutzen und mussten einen auffälligen gelben Judenstern tragen. Sie wurden von vielen anderen Deutschen gedemütigt und ausgegrenzt. Die Juden hatten in dieser Zeit große Angst

und viele flüchteten ins Ausland. Auch Anne Franks Familie beschloss 1933, als Hitler an die Macht kam. Deutschland zu verlassen. Als Anne vier Jahre alt war, wanderten die Eltern mit ihr und ihrer Schwester Margot in die Niederlande aus. In Amsterdam konnte die Familie zunächst einige unbeschwerte, glückliche Jahre verbringen.

Ich suchte also ein Foto von mir und schrieb an den Produzenten von Metro-Goldwin-Meyer.

Und dann … wartete ich, wartete ich, wartete ich ein halbes Jahr und glaubte immer noch, dass es was werden könnte – etwas, das mich aus meinem festgefahrenen Dasein herausholen würde. Und dann las ich, wieder in der Zeitung, dass eine andere die Rolle bekommen hatte, und dass die Dreharbeiten begonnen hätten. Als der Film dann mit der Darstellerin Millie Perkins 1959 in den Kinos lief, hatte sie als Hauptdarstellerin in „Das Tagebuch der Anne Frank" ihr Filmdebüt – im Alter von einundzwanzig Jahren – und ich war inzwischen sechzehn Jahre alt und Lehrling in der Dekoration.

Auf der Suche nach Halt, nach Vorbildern, nach Menschen, an deren Schicksal, an deren Mut und Kraft in schweren Zeiten ich mich aufrichten, mich identifizieren konnte, kamen in dieser meiner Backfischzeit, meiner dunklen Eingewöhnungszeit in Deutschland, in das bundesdeutsche Leben, in deutsches Wesen (heute würde man sagen: Integrationszeit), die Sissi-Filme mit Romy Schneider in die Kinos. Köln war da privilegiert, da dem Stiefvater von Romy Schneider unter anderem der Capitol-Filmpalast gehörte, und so konnte ich bei den deutschen Uraufführungen in diesem Capitol-Kino auch immer persönliche Unterschriften von Romy Schneider auf Starpostkarten ergattern, sie leibhaftig sehen – und mein Herz flog ihr, der Romy, aber eher noch der Sissi zu, der von ihrer Schwiegermutter so ungeliebten jungen Kaiserin. Zu meiner größten Freude gab es dann noch zwei Folgen, nämlich: „Sissi, die junge Kaiserin" und „Sissi – Schicksalsjahre einer Kaiserin."

Ich hatte angefangen, Tagebuch zu schreiben, um meine inneren Bedrängnisse, meine Not irgendjemandem anzuvertrauen, denn die Zeit, in der ich meinen Kummer, auch meine Freuden der Celluloidpuppe Katharina erzählte, war längst vorbei, und so schrieb ich immer an Sissi. Schrieb: „Liebe Sissi" und schüttete ihr sehr intim, sehr privat mein Herz aus – in der Gewissheit, dass *sie* mich verstehen würde. Das entlastete mich eine Zeitlang sehr.

Dieses Schreiben, wer hätte das gedacht bei meinen anfänglichen Kämpfen mit der Sprache und der Rechtschreibung, war dann auch der Anfang einer lebenslang gepflegten Fähigkeit, die sich zu einer Schriftstellerei, vorwiegend Lyrik, aber auch Kurzprosa auswuchs. Heute ist es eben insbesondere die Lyrik, mit der ich meine Eindrücke zum Ausdruck bringe.

Aber die nachhaltigste Wirkung hatte diese harte Zeit in beruflicher Hinsicht, denn ich wurde auf dem sogenannten zweiten Bildungsweg Diplom-Sozialpädagogin und leitete bei meiner ersten Anstellung ein Heilpädagogisches Kinderheim (für schwererziehbare Kinder, Kinder mit solchen Jugendamtsakten, wie es sie über mich als schwieriges, in den Augen meiner Eltern schwererziehbares Kind gibt), Kinder, denen es im Leben ähnlich ergangen war wie mir; und ich, ich hörte ihre Not hinter ihrem oft krassen Verhalten.

So gab es eine Situation mit Andreas (sechzehn Jahre alt), der gerade mal wieder extrem gewütet und in wenigen Minuten sechs Fensterscheiben im Heim zerschlagen hatte, und den ich – natürlich verbal – ziemlich „zur Schnecke" gemacht hatte.

Ich hatte an diesem Tag Nachtbereitschaft im Heim und die Angewohnheit, wenn alle Kinder in den Betten lagen, Ruhe eingekehrt war, im Dunkeln noch mal die Runde zu machen. Als ich von dieser Runde zurückkam und die Türklinke zu meinem Zimmer runterdrückte, fasste ich in etwas Weiches, Stinkendes – in Scheiße! Ich wusste sofort, dass das nur Andreas gewesen sein konnte. Er war im wahrsten Sinne des Wortes „stinksauer" auf mich. Statt aber, wie mein Vater es getan hätte, erneut zu schimpfen, noch mehr Strafen zu verhängen (er musste ja eh schon für eine lange Zeit von seinem Taschengeld einen Teil der Fensterkosen abstottern), bin ich also ganz ruhig zu ihm hingegangen und habe gesagt: „Du machst die Türklinke sauber, ich wasche mir gründlich die Hände und wir treffen uns in fünf Minuten in meinem Zimmer.“ Und – das war das beste, vertiefteste Gespräch über Andreas’ innere Verfassung, das wir bisher hatten. Die Wirkung dieses nächtlichen „Scheiß-Gespräches“ hielt noch tagelang an und unsere Beziehung wurde von da an immer tragfähiger.

Und *das* war der Gewinn, mein Lebensgewinn, aus dieser für mich so unheilen Zeit.

Mein Erziehungsmotto lautet bis heute: „Jedem Kind *das* geben, was es braucht.“

Aber auch: „Liebe heilt!“ Und: „Ohne Vertrauen und gegenseitigen Respekt geht gar nichts.“

Mit dem Moskwitsch über die Alpen

Mein Vater verdiente bei den Russen sehr viel Geld. So viel Geld, dass er gar nicht alles ausgeben konnte, denn es gab ja nicht wirklich viel zu kaufen. Wir lebten ja auf Lebensmittel- und Konsumgütermarken und nur auf dem Wochenmarkt im „Dorf" konnten wir uns, da wir – im Gegensatz zu den meisten Russen – genug Rubel hatten, zu den erhöhten Preisen der Lebensmittel dort Waren dazu kaufen.

Auch durch das Schicken von etlichen Tausend Rubeln in dem einen Jahr, als Vater noch in Russland und Mutter mit uns Kindern schon in Ostberlin war, vermehrten sich diese Rubel auf wundersame Weise, das war wie in dem russischen Märchen „Der Heckrubel" (dieser Rubel konnte ausgegeben werden und hüpfte – „heckte" – dann wieder in die Tasche seines ursprünglichen Besitzers zurück). Dieses Rubelwunder für uns war der Umtauschwert, denn man bekam für einen Rubel 12 Ost-Mark – so konnten wir außer in den Konsumläden, wo es nur Waren auf Marken gab, auch in den HO-Läden einkaufen, die zwar teurer waren, aber fast alle Waren führten. Auch hier waren wir wieder privilegiert, was mir gar nicht gefiel, denn ich fand es nicht gerecht, dass die meisten Menschen nicht über so ein „Rubelwunder" verfügten. Das war weder kommunistisch, noch sozialistisch.

Also hatte Vater viele Rubel übrig und wollte in seinem letzten Jahr in Russland einen Moskwitsch erwerben. Doch in Russland konnte man damals nicht einfach zum Autohändler gehen und so einen Wage kaufen – oh nein! Vater erzählte uns, dass er beim Kauf einen *russischen* Führerschein vorlegen musste und der Erwerb desselben – obwohl Vater ja in Deutschland schon jahrelang einen Führerschein hatte – erwies sich als ein wirklich schwieriges Unterfangen. Der Erwerb des nicht beruflich zu nutzenden „Ljubitelski“ (Amateurführerschein) setzte voraus, dass man ein eigenes Auto haben musste. Das nennt man einen Teufelskreis – das eine geht nicht ohne das andere und umgekehrt.

Außerdem hatte man ihm bei der staatlichen Verkaufsorganisation für Autos mitgeteilt, dass die Wartezeit für so ein Moskwitsch-Modell, wie er es kaufen wollte, sechs bis sieben Jahre betrage – wenn er den Wagen sofort bezahlen würde.

Mein Vater erzählte weiter, dass er sich aber so schnell nicht geschlagen gab. Er schrieb zunächst an das Außenhandelsministerium mit der Bitte um eine Ausfuhrgenemigung für einen Moskwitsch, den er bestellt habe und den er bei seiner baldigen Rückkehr nach Deutschland, in die DDR, mitnehmen wolle. Und tatsächlich erhielt er nach zwei Monaten ein Papier, in dem er nur noch die Fahrzeugdaten eintragen musste. Nun war Vater, wie er erzählte, so frech und schrieb dem Herrn Minister Maleschew, dass er zwar eine Ausfuhrgenehmigung, aber kein Auto hätte. Der Minister sei zwar stocksauer gewesen, habe ihm aber in Anbetracht der Vorarbeit, der Tatsachen, die Vater geschaffen hatte, mürrisch sofort ein Auto zugesagt.

Vater kaufte zu seinem Moskwitsch gleich eine ganze Kiste Ersatzteile mit, denn das hätte ihm ein befreundeter russischer Arbeitskollege empfohlen. Der Wagen wurde also auf Vater zugelassen und nun konnte er sich zur Fahrprüfung anmelden – zunächst, so erzählte er weiter, musste er aber vor eine ärztliche Kommission. Die eigentliche Fahrprüfung bestand aus drei Teilen: einer verkehrstechnischen, einer fahrzeugtechnische und einer praktische Fahrprüfung. Die Vater alle bestens bestand.

In dem nagelneuen Führerschein entdeckte er aber eine Karte mit dem Aufdruck: „Talon 1". Auf seine Nachfrage hin, erklärte man ihm, dass dieser Talon das Wichtigste am Führerschein sei, denn wenn man eine Verkehrsstrafe erhielte, dann knipse der Verkehrspolizist ein Loch in diesen Talon. Wenn man innerhalb von einem Jahr fünf „Straflöcher" bekäme, so ziehe derjenige Verkehrspolizist, der das fünfte Loch knipst, den Führerschein ein und gebe dem Verkehrssünder eine Adresse und einen Termin. Dort, bei diesem Termin, würde er dann über seine Kenntnisse im Fahren erneut geprüft und wenn er diese Prüfung bestehe, bekäme er einen neuen Talon, allerdings mit einer „2". Mit diesem Talon 2 verdoppeln sich alle weiteren Strafen. Es gibt auch noch einen Talon drei, der bedeutet allerdings lebenslangen Führerschein-Entzug. Vater ist noch fast ein Jahr lang in Oranienbaum und Leningrad seinen Moskwitsch gefahren, ohne ein Loch zu erhalten, obwohl es sehr viele Verkehrskontrollen gab.

Dieser Moskwitsch also, den Vater nach diesen aufwändigen Anschaffungsformalitäten aus Russland mitgebracht hatte, ist ein originalgetreuer Nachbau des „Opel Kadett" aus Deutschland, denn die Russen hatten nach dem Krieg die gesamte Fertigungsanlage von Opel, mitsamt den dazugehörigen deutschen Monteuren und Autobauern, als sogenannte Reparationsleistung nach Moskau abtransportiert – und dann dieses Auto bis zur letzten Schraube nachbauen lassen. 1947 liefen dort die ersten „Moskwitsch-400" vom Band. Darunter auch „unser" Auto.

Irgendwie wurde dieses Auto mit den Möbeln und dem anderen Hausrat in einem Güterwagen mit nach Ostberlin transportiert, und bei unserer Flucht 1954 – damals waren die Grenzen noch relativ offen – ist Vater mit diesem Auto und einem Tagespassierschein durch das Brandenburger Tor gefahren und einfach nicht mehr zurückgekommen. Wie der Moskwitsch durch die „Zone" der sowjetischen Besatzungsmacht in den Westen gekommen ist – das habe ich an anderer Stelle schon beschrieben.

Als wir dann in Köln waren, sind wir 1956 (ich wurde auf dieser Reise dreizehn Jahre alt) zum ersten Mal zu einer größeren Reise aufgebrochen. Für mich, die ich ja ein sehr eingeschränktes Wissen über die sonstige Größe der Welt hatte (in Russland bekam ich nur einen Atlas mit Landkarten der Sowjetunion, die zugegebener Maßen riesig war, doch eben ohne Europa, Afrika, Amerika, Australien usw.), war diese Fahrt in den Süden Europas eine Reise in absolutes Neuland und von ununterbrochenem Staunen begleitet.

Staunen über die Landschaften, die Menschen und vor allem darüber, dass sie in Italien Italienisch sprachen, denn in der riesigen Sowjetunion mit ihren vielen Völkern sprach man ja trotzdem überall Russisch.

Es ging also mit dem Moskwitsch auf der Autobahn die weite Strecke in den Süden. Mein Bruder und ich langweilten uns natürlich bei dieser endlosen Fahrt und kamen – neben „Ich sehe was was du nicht siehst", „Nummernschilderraten" und anderen Spielen – immer mal wieder in Streit, wie das bei Geschwistern eben so ist; und wenn das dem Vater zu arg wurde, dann drohte er damit, dass er anhalten und uns raussetzen würde. Das wollten wir natürlich auf gar keinen Fall und so lief es eine Weile ruhiger ab – bis zum nächsten Streit oder dem Gedribbel, dass wir aufs Klo müssten, nicht mehr sitzen könnten und was uns Kindern noch so alles an Argumenten einfiel, wenn uns das zu lange Stillsitzen unerträglich wurde.

Unser erstes Ziel war Süddeutschland, wo wir Onkel Hermann, den Bruder meines Vaters, und seine Frau Emmi in München besuchten. Wir hatten diese Verwandten ja viele Jahre nicht mehr gesehen – das war ein tolles Wiedersehen zwischen den beiden Brüdern.

Unser Auto, der Moskwitsch, dieses kleine, unscheinbare russische Auto, hatte im amerikanischen Sektor Deutschlands, in dem die Amerikaner mit ihren Cadillacs – mit riesigen Heckflossen und der metallisch glänzenden Überbreite und Übergröße – bisher für Aufsehen gesorgt hatten, ein Hingucker der besonderen Art. Wir waren ständig umlagert von neugierigen Passanten. So ein russisches Auto hatten sie noch nie gesehen. Das, dieses Aufsehen, sollte dann in Österreich und in Italien noch mehr zunehmen.

Bis wir aber dort ankommen werden, gibt es noch viel zu erzählen, denn für mich war es sehr interessant, dass der Onkel im Krieg ein ganz anderes Leben geführt hatte als mein Vater mit seinem „Einsatz an der „Heimatfront“, für das er sogar 1942 erst das Kriegsverdienstkreuz II. Klasse (K.V.K. II. Klasse) und 1944 noch einen Verdienstorden 1. Klasse „mit Schwertern“ erhalten hatte.
In einem Zeugnis, das mir vorliegt, wurde er besonders für die Weiterentwicklung der Waffe (Torpedos) mit „Ingolin- und Kreißmotorenverfahren“ belobigt. Auch wurde er Abteilungsleiter. Wie es in einem Zeugnis hieß: *„... sein Maß an Können, Begabung, Verantwortungsgefühl und Charakterveranlagung zeichnete ihn als Abteilungsleiter aus.“*
Es kam ja im Krieg darauf an, mit der Entwicklung stets an der Spitze zu liegen, um einer gegnerischen Abwehr sofort eine neuartige Waffe entgegensetzen zu können. L. sei von Natur aus hochbegabt, hieß es weiter, und könne seinen Tatendrang und seine Ideen zum Besten der Waffe freien Lauf lassen.
Mir fällt bei dieser Schilderung von Vaters Taten ein, wie schockiert ich über Fritz Haber, einen Nobelpreisträger der Chemie von 1918 (für das „Haber-Bosch-Verfahren“, ein Düngemittel) war, der maßgeblich das schreckliche Giftgas im ersten Weltkrieg entwickelt und seinen Einsatz persönlich überwacht hat, der für den Tod von Hunderttausenden Soldaten und der Erblindung von Überlebenden verantwortlich war. Wie ja Nobel durch seine Dynamiterfindung ebenfalls bis zum heutigen Tag viel Schreckliches ermöglicht hat. Von der Entwicklung der Atombombe gar nicht erst zu reden. Wie kann es nur sein, dass die Entwicklung solcher Erfindungen so wenig kritisch betrachtet, nicht als „Verbrechen an der Menschheit“ geahndet werden.
Onkel Hermann hingegen war die gesamte Kriegszeit hindurch als Soldat im „Feld“, wie das so beschönigend hieß, und hat Schrecklichstes erleben und ertragen müssen. So war er auch in der Schlacht von Stalingrad, die zwischen der deutschen 6. Armee und der sowjetischen Roten Armee tobte,

als einfacher Soldat eingesetzt. Diese deutsche Armee wurde von den Sowjets eingekesselt und Hitler entschied, dass die deutschen Truppen ausharren und auf eine sogenannte Entsatz-Offensive (eine ihnen zu Hilfe kommender anderer Teil der deutschen Armeen) warten sollten. Dieser andere Armeeteil scheiterte aber im Dezember 1942 selber und konnte ihnen deswegen nicht zu Hilfe kommen. Obwohl die Lage der nur unzureichend versorgten Soldaten in eisiger Kälte im Kessel von Stalingrad aussichtslos war, bestanden Hitler und seine militärische Führung auf eine Fortführung der verlustreichen Kämpfe. Die meisten Soldaten stellten Ende Januar/Anfang Februar 1943 zum Teil auf Befehl, zum Teil aus Material- und Nahrungsmangel die Kampfhandlungen ein und gingen in russische Kriegsgefangenschaft, ohne dass es zu einer offiziellen Kapitulation (Aufgabe der Kampfhandlungen) kam. Etwa 10.000 versprengte Soldaten, die sich in Kellern und der Kanalisation des völlig zerstörten Stalingrads versteckt hielten, setzten ihren Widerstand noch bis Anfang März 1943 fort. Von den 110.000 Soldaten der Wehrmacht und der mit ihnen verbündeten Truppen, die in russische Gefangenschaft gerieten, kehrten nur 6000 in ihre Heimat zurück, denn die Bedingungen in den Gefangenenlagern im eiskalten, unwirtlichen Sibirien waren mörderisch, unmenschlich.

In den Kämpfen von Stalingrad kamen insgesamt über 700.000 Menschen ums Leben, die meisten davon Soldaten der russischen Roten Armee. Die Schlacht wurde jedoch von der nationalsozialistischen Propaganda noch während des Krieges so dargestellt, dass aus ihr eine heroische, die Deutschen verherrlichende Tat wurde. Wegen der Gräuel und schrecklichen Anzahl von Toten ist diese Schlacht um Stalingrad noch heute im Gedächtnis beider Völker als eine der furchtbarsten Schlachten des Zweiten Weltkriegs verankert.

Onkel Hermann also war in dieser Schlacht um den „Stalingrader Kessel“ dabei (1943 – in dem Jahr als ich geboren wurde). Zu seinem Glück, muss man im Nachhinein sagen, wurde er dort schwer verwundet und noch mit einem der letzten aus dem Kessel abgehenden Lazarettflüge ausgeflogen.

Danach wurde der Kessel von den sowjetischen Soldaten, der dortigen Armee „dichtgemacht“ und es kam niemand mehr rein oder raus. Dieser „Heimatschuss“, wie das damals hieß, war für meinen damals einundzwanzigjährigen Onkel die Rettung.
Bei meiner ersten Begegnung mit diesem Onkel, da existieren nette Bilder von uns, auf denen zu sehen ist, wie ich auf den Schultern des zum Genesungsurlaub weilenden Onkels reite, war ich war so ein- bis eineinhalb Jahre alt.
Man hat meinen Onkel dann also in der Heimat wieder „zusammengeflickt“ – er hatte schreckliche Alpträume und war nervlich völlig am Ende durch diese schrecklichen Erlebnisse – und doch hat man ihn tatsächlich 1944 wieder in den Kampf zurückgeschickt. Diesmal nach Montenegro in Jugoslawien, wo ein fürchterlicher Kampf mit den Heckenschützen der Partisanen tobte. Das war deswegen so erschreckend, weil es da keine klare Front gab – hinter jedem Busch, hinter jeder Hausecke konnte ein feindlicher Soldat oder Freischärler (Kämpfer, die nicht zu einer Armee gehören, die aber trotzdem ihr Land verteidigen) lauern und einen erschießen.
Hier hatte Onkel Hermann noch einmal „Glück“, er wurde mit seinen nunmehr dreiundzwanzig Jahren zum zweiten Mal schwer verwundet und kam mit einem weiteren Lazarettflug zurück ins zerbombte, zerschossene, hungernde und frierende Deutschland, kurz vor Ende des Krieges und zwar nach Bayern.
Dort wurde bei Kriegsende der amerikanische Sektor Deutschlands eingerichtet, und er kam als ehemaliger Soldat nur kurz in amerikanische Kriegsgefangenschaft und konnte sich danach wieder um sein eigenes Nachkriegsleben kümmern.
Er arbeitete zu der Zeit als „Kohlenschlepper“ in Kürten an der Oberelbelbe. Da die Sorge der meisten Deutschen dem eigenen Überleben galt, wie sie sich selbst und ihre Familie durchbringen konnten, war es ganz egal, was ein Mensch arbeitete, Hauptsache er konnte ein paar von den kostbaren Nahrungsmittel ergattern. In den Geschäften wurden sie bereits im Krieg

nur gegen Lebensmittelmarken verkauft - wenn es überhaupt etwas zu verkaufen gab – und jetzt ebenfalls.

Im Herbst 1946 forderten Ernährungsexperten eine tägliche Mindestration von rund zweitausend Kalorien, doch es standen nicht selten nur tausend, mancherorts sogar nur achthundert Kalorien täglich zur Verfügung. Die Menschen hungerten.

Der Verlust der Lebensmittelmarken konnte den Tod bedeuten. Hinzu kam, dass die Aufbauarbeit in den schwer zerstörten Städten nur schleppend voranging. Intakter Wohnraum war knapp. Etwa zwanzig Millionen Menschen lebten in Ruinen, dazu kamen zehn Millionen Flüchtlinge und Vertriebene aus den ehemaligen deutschen Ostgebieten, die zusätzlich Zuflucht in den vier Besatzungszonen suchten.

Und der nächste Winter stand vor der Tür, und noch ahnte niemand, dass es einer der härtesten des zwanzigsten Jahrhunderts werden würde.

Der „Weiße Tod“ und der „Schwarze Hunger“ kamen im Winter 1946/47. Drei große Kältewellen wurden in diesem sogenannten „Hungerwinter“ in Deutschland registriert. Bereits im November und im Dezember fiel das Thermometer tagelang weit unter null Grad Celsius. Die dritte und härteste Kältewelle folgte im Januar 1947. In der französischen und britischen Besatzungszone fror der Rhein auf sechzig Kilometer Länge zu. Die Elbe war komplett vereist. Die Binnenschifffahrt kam zum Erliegen und damit ein lebenswichtiger Transportweg für Nahrung und Kohle, denn die Straßen waren damals im Nachkriegsdeutschland in sehr schlechtem Zustand und nicht wirklich geeignet für Lebensmitteltransporte und Kohlebeförderungen.

Viele der bereits durch Unterernährung geschwächten Menschen überlebten den „Weißen Tod", wie sie die gnadenlose Kälte nannten, nicht. Historiker schätzen, dass allein in Deutschland mehrere hunderttausend Menschen in diesem Nachkriegswinter an den Folgen von Kälte und Hunger starben. Erfrierungen, Krätze und Hungerödeme waren an der Tagesord-

nung. Tuberkulose und andere Mangelkrankheiten wurden zur tödlichen Gefahr.
Doch der selber so gebeutelte junge Onkel Hermann brachte sich und seine Frau Emmi auf eine ganz andere Art durch diese Nachkriegsschrecken als mein Vater uns in Russland – er schleppte Kohlen.
Ich habe mich später oft gefragt, warum die Brüder in den folgenden Jahren so einen frostigen Umgang miteinander hatten und sich so selten sahen – ich glaube das lag unter anderem daran, dass Onkel Hermann meinem Vater verübelte, dass der sich in Eckernförde an der „Heimatfront" und später relativ gut versorgt in Russland so gut durchgemogelt hatte, während Millionen andere – wie auch er selbst – darbten, hungerten und ihr Leben verloren, ihre Jugend wirklich elendig verbringen mussten. Auch wenn sie überlebten – mit schweren seelischen Traumata, die ihr weiteres Leben prägten.
Nachdem wir also von Onkel Hermann erfahren hatten, wie es ihm und seiner Frau in den Jahren, in denen wir in Russland waren, ergangen war, dass das Überleben in Deutschland, sein Leben und das Leben seiner Familie, ständig am seidenen Faden hing, machten wir uns mit unsrem Moskwitsch weiter auf den Weg Richtung Süden, Richtung Italien.
Die erste Station in Österreich war Hallstatt. Dieser Ort liegt im Salzkammergut am Westufer des Hallstätter Sees. Auf dem schmalen Uferstreifen zwischen dem See und dem steilen Berghang drängen sich die Häuser dicht aneinander und sie sind teilweise sogar mit Pfählen in den See gebaut. Im Wesentlichen besteht der alte Hauptort aus nur einer Straße parallel zum Seeufer und einigen Gassen um den Marktplatz herum.
Neben der Schönheit der gebirgigen Landschaft, wie ich sie ja noch nie erlebt hatte, und des alten, malerischen Ortes, faszinierten mich und meinen Bruder besonders das „Beinhaus" der katholischen Pfarrkirche Mariae Himmelfahrt. Dieses Beinhaus befindet sich im dortigen Friedhof, wo seit dem sechzehnten Jahrhundert insgesamt sechshundertzehn Totenschädel auf den Knochen der Verstorbenen übereinandergestapelt wurden. Nach zwanzig bis dreißig Jahren, so erfuhren wir, wurden die Gebeine exhumiert, ge-

bleicht und anschließend verziert: Auf der Stirn der Schädel stehen über Geburts- und Sterbedatum meist der Name des Verstorbenen. Teilweise wurden diese Schädel aber auch mit dunklen Kränzen aus Eichenlaub, Efeu oder Blumen bemalt. Dieses Beinhaus, in dem wir staunend, aber auch voller Gruseln standen ist auf der Welt einzigartig, da dort die Gebeine ganzer Generationen vollständig aufbewahrt werden. Die Exhumierung der Gebeine war einfach notwendig, weil dieser Ort ja engstens an den Felsen klebt und nur Raum für einen winzigen Friedhof vorhanden ist.

Als wir dieses Beinhaus verlassen hatten, war mir vor lauter Gruseln ein bisschen schlecht, und ich konnte im Restaurant kaum etwas runterbringen – obwohl das mein Geburtstagsessen war. Ich hatte vorher ein rot geblümtes Dirndl mit weißer Schürze „verordnet“, „angepasst“ bekommen, das ich auf gar keinen Fall haben wollte, denn ich sah darin aus wie eine Wurst in einer Dirndl-Pelle. Ich hatte nämlich in den letzten drei Jahren in Deutschland zugenommen, war dicklich geworden, konnte mich nach so langer Hungerzeit und wegen des Stresses und des Drucks bei der Integration und Anpassung in Deutschland, mit dem Essen nicht zurückhalten – was auch zu ständigem Ärger mit meiner Mutter führte, die mich wegen meiner Molligkeit andauernd niedermachte. Da ich so unglücklich war, weil man mir dieses Dirndl zum dreizehnten Geburtstag als Geschenk aufgedrückt hatte – das war mein Geburtstagsgeschenk von den Eltern, über das ich mich auch noch freuen sollte, Dankbarkeit zeigen sollte – erbarmte Vater sich und kaufte mir noch eine Spieluhr, in die ich mich in einem Schaufenster verliebt hatte. Diese Spieluhr war ein Bauernschränkchen, ganz allerliebst eingerichtet mit Tellerchen und Tässchen, winzig kleinen Kleidungsstücken und mehr. Wenn dieses kunstvoll mit Bauernmalerei verzierte blaue Schränkchen seine Türen aufmachte, erklang die Spieluhrmelodie. Das war etwas, das meine Geburtstagsstimmung mächtig hob und mich wieder froh machte. Dieses Spieluhrschränkchen steht heute noch in unmittelbarer Nähe der Puppe Katharina auf einer Fensterbank in meinem Schlafzimmer – eine russisch-österreichische Freundschaft.

Am nächsten Tag starteten wir dann zu unserer Alpenüberquerung, wie Hannibal mit seinen Elefanten, zum Großglocknerpass, und da ereilten uns die Mängel unseres kleinen russischen Autos, das erstens nicht so viel PS hatte, zweitens auch noch wassergekühlt und drittens mit uns vier Personen und dem Gepäck für die vierwöchige Reise völlig überladen war. Die Großglockner-Hochalpenstraße, mit der Edelweißspitze und ihren 2.571 Metern Höhe als höchstem Punkt der Passstraße, hätte uns beinahe zum Umkehren gezwungen. Denn auf halber Höhe kochte erst mal der Kühler. Peter und ich liefen, leichtfüßig und froh über diese Pause im Gebirge, zu einem nahen Bächlein, um unseren leer gewordenen Ersatzwasserkanister wieder aufzufüllen – wir mussten aber vor dem Einfüllen erst abwarten, bis sich das Kühlwasser abgekühlt hatte. Dann ging es ein kleines Stück weiter,

aber noch lange vor der Passhöhe streikte das Auto endgültig, schaffte die Steigung nicht mehr.
Vater hatte die Idee, dass wir alle aussteigen sollten, und versuchte mit dem nun erleichterten Auto erneut, den Moskwitsch zum Erklimmen der Steigung zu bewegen, doch – immer noch streikte er. Dann, schließlich war Vater Ingenieur und wusste bestens Bescheid über Motoren und wie diese funktionierten, drehte er den Moskwitsch um und versuchte es im Rückwärtsgang, denn der ist stärker als die Vorwärtsgänge. Mit dieser List kamen wir ein Stückchen weiter, doch dann streikte unser „Esel“ wieder. Nun kamen zu den Pferdestärken des Autochens noch unsere Muskelstärken dazu – wir schoben das Auto und den Vater bis hinauf zu der kritischen Passhöhe. Uff! Zur Belohnung durften wir auf der Pasterze – einem Gletscher – noch eine Schneeballschlacht machen, ehe wir dann erleichtert und flott die Abfahrt von diesem Alpenpass hinunter ins Tal genießen konnten.
Oh, wenn wir Kinder geahnt hätten, *was* für eine Bildungsreise nun, nach diesem spannenden Abenteuer in den Alpen, in Italien auf uns zu kam. Museen, Kirchen, Sehenswürdigkeiten. Laufen, uns die verschiedenen Informationen brav anhören, schwitzen da draußen in diesem heißen Italien – es waren ja schließlich Sommerferien während unserer Reise.
Ich will ein paar ausgewählte „Schmankerln“, wie der Österreicher sagt, hier mal zum Besten geben, denn vielleicht bildet das ja auch die eine Leserin oder den anderen Leser ein bisschen … oder ihr bekommt Lust, euch das selbst anzuschauen, denn es war schon auch toll.
Die erste Stadt war Mailand – ganz klar, mit dem Mailänder Dom und seiner gestreiften Marmorfassade. Also – wenn der Kölner Dom so aussehen würde … naja, das fände ich schon ziemlich schräg. Doch hier so weit im Süden, in Italien, unter dieser bräunenden Sonne, da finde ich diesen Dom doch irgendwie auch ganz passend und schön. Und dann natürlich das berühmte Bild – ich hatte damals allerdings von dieser Berühmtheit noch nie etwas gehört –, aber ich war ja auch erst frische dreizehn Jahre alt und hatte die ersten vier Schuljahre in einem Land ohne Italien im Atlas gelebt.

Also „Das Abendmahl“ von Leonardo Da Vinci.
Ich fand besonders interessant, dass dieses Wandgemälde (es befindet sich an der Nordwand des Speisesaals, im sogenannten Refektorium des Klosters, wo es 1494 bis 1498 von Leonardo Da Vinci geschaffen worden war) dort nicht ungestört seine Schönheit präsentierend bis zu unserem Besuch bleiben konnte, denn die Südwand dieses Speisesaals wurde durch eine Bombe im Zweiten Weltkrieg total zerstört. Doch, was für ein Glück, das Gemälde befand sich ja auf der Nordwand und blieb deswegen unversehrt.
Ich kannte damals aber auch schon berühmte Bilder, zumindest berühmte Bilder in Russland, denn natürlich war ich in Leningrad mit den Pionieren und mit den Eltern mehrmals staunend sowohl im „Russischen Museum“ als auch in der nun wirklich weltberühmten „Ermitage“ gewesen.
Meine Lieblingsbilder waren die von dem Maler Ilja Repin, insbesondere das wunderbare Bild der „Wolgatreidler“, da ziehen ausgemergelte Männer, an Seilen eingespannt wie Pferde vor einem Wagen, die schweren Schiffe auf der Wolga. Ich war auch mal in Repino, das ist ein Ort bei Leningrad, der nach diesem Maler, der dort sein Haus und Atelier hat, Repino heißt. Solche realistischen Bilder, die eine Geschichte erzählen, haben mir immer besonders gut gefallen. So auch das Bild von Iwan Aiwasowski, „Die neunte Woge“: das Meer so riesig und ein kleines Schiff mit Menschen im Angesicht dieser Riesenwoge – das war so beindruckend, dass ich es nie vergessen werde.
Zurück zu Mailand, interessanter fanden wir Kinder die Burg, die Piazza Castello eine sogenannte Verteidigungsburg in der Altstadt. Hier bevölkerten wir mit unserer Phantasie die Türme und Gänge sofort mit Rittern und Knappen, mit Gesinde und Scharmützeln. Noch in unserem Hotel, vor dem Schlafengehen, fochten Peter und ich heftige Lanzenkämpfe miteinander aus. Mein Vater war darüber entsetzt, er hätte sich gewünscht, dass wir diese tollen Kunstwerke, die wir uns vorher hatten ansehen müssen, mehr zu schätzen gewusst hätten.

Unser braver Moskwitsch, der so wacker die Alpen geschafft hatte, brachte uns nun von einer historischen und musealen Stadt zur nächsten – es gab kein Aussteigen, kein Schieben, keine Schneeballschlachten mehr –, Bildung war angesagt. „Das müsst ihr genießen, welche Kinder bekommen diese Herrlichkeiten schon von ihren Eltern gezeigt." Ach, wir nörgelnden undankbaren Kinder!

Als nächstes kam also Florenz mit den Uffizien, italienisch „uffici" für Büros, das Zuhause von Ministerien. Heute beherbergen sie eine, wie man uns sagte, einzigartige Gemäldesammlung von europäischen Kunstschaffenden und aus der italienischen Renaissance.

Ein Bild, noch ein Bild und immer so weiter – oh, wie das ermüdete, wir hatten Durst, die Füße taten uns weh und wir konnten einfach nicht mehr. Als die Eltern dann aber mit uns zum Florenzer Dom gingen und wir den Turm besteigen konnten, da waren unsere Lebensgeister dann wieder ganz mobil. Da hängten wir im Eiltempo die Eltern ab. Na ja, hinterher gab es dann im Dom wieder reichlich Kunst zu sehen, man sagt, dass es im Dom selbst circa viertausend weitere Statuen – was für eine Zahl! – geben würde. *Das* habe ich mir gemerkt. Vom großen Schlosspark in Oranienbaum und von Leningrad her kannte ich solche Marmorfiguren zur Genüge, an denen konnte ich wie an alten Bekannten vorbei gehen, im Geiste eine kleine russische Unterhaltungen mit ihnen führen.

Ha – und dann kam Pisa! Wer kennt ihn nicht, hat zumindest schon mal von ihm gehört, dem „Schiefen Turm von Pisa". Was haben die Pisaner doch für ein Glück, dass ihr Turm so interessant abgesackt ist auf dem Morast, auf dem sie ihn gebaut haben, denn kein Mensch würde Pisa kennen, extra nach Pisa reisen, wenn dieser Turm nicht so schön schief stehen würde. Wir wollten ihn natürlich unbedingt besteigen, das muss doch ein irre komisches Gefühl sein, in diesem so schief stehenden Gemäuer nach oben zu steigen. Doch bevor wir das erleben konnten, erfuhren wir, denn Bildung geht bei unseren Eltern vor Bewegungs- und Entdeckerlust, dass der Turm als freistehender Glockenturm (Campanile) für den Dom in Pisa geplant war. Doch schon zwölf Jahre nach der Grundsteinlegung 1173, im Jahr 1185, als der Bau bei der dritten Etage angelangt war, begann sich der Turmstumpf zu neigen. Daraufhin ruhte der Bau rund hundert Jahre. Die nächsten vier Stockwerke wurden dann mit weniger Neigung als der des bereits bestehenden Teils gebaut, um die Schieflage auszugleichen. Im Inneren des Turmes hängt ein Pendel, das oben in der Mitte befestigt ist und durch die Schieflage unten beinahe die Seitenwand berührt. Selbstverständlich machten wir mit unserem Fotoapparat, einer einfachen „Box", auch die „berühmten" Fotos von uns, wie wir stehen und den Turm „abstützen", das war natürlich wieder ein großer Spaß für uns Kinder.

Wenn Peter und ich nun aber dachten, dass das alles schon genug Bildung, genug Pflastertreten gewesen sei, und wir endlich in Salerno bei Cilly, der einen von den drei Töchtern des Werkmeisters meines Großvaters, die nach Italien geheiratet hatte, ankommen würden, kam da erst noch mal der dickste kulturelle Brocken: Rom!

Rom, die legendäre Stadt am Tiber, mit dem Vatikanstaat, wo im Zentrum der Papst regiert. Und Sehenswürdigkeiten auf Schritt und Tritt. Mir gefiel besonders das Forum Romanum (der römische Marktplatz) Es ist eine der wichtigsten Ausgrabungsstätten des antiken Roms. Und ich hatte ja auch schon über die alten Römer in „Caius, der Lausbub aus dem alten Rom" von Henry Winterfeld mit Begeisterung gelesen. Nun sah ich alle diese Kinder der alten Römerzeit sich hier zwischen den alten Stelen, Resten von Kirchen, Palästen und Burgen tummeln – das war dann, trotz der vielen Lauferei, so recht was für mich. Auch das Kolosseum, dieses riesige Amphitheater, in dem die Gladiatorenwettkämpfe mit wilden Tieren und der Kämpfer untereinander stattgefunden haben, fand ich toll. Als wir unten zu den Verliesen kamen, in denen die Gladiatoren, aber auch die wilden Bestien gefangen gehalten wurden, gruselte es mich mal wieder fürchterlich, und doch war ich begeistert.

Natürlich waren wir auch in der Sixtinischen Kapelle, sie ist eine der Kapellen des Apostolischen Palastes, wo der Papst wohnt. In dieser Kapelle befinden sich einige der berühmtesten Gemälde der Welt. Der Petersdom war dann unser letztes Besichtigungsziel an diesem Tag, an dem wir bestimmt zehn Kilometer durch Rom gestiefelt sind – und das bei glühender Augusthitze. Wie gut, dass es im Dom dann wieder kühler war. Am Abend dieses Tages waren wir alle, auch die Eltern, rechtschaffen k. o., hatten uns aber sehr viel Bildung zugelegt, was ja ganz offensichtlich das Hauptziel unserer Italienreise war. Vater erzählte uns, quasi als Gute-Nacht-Geschichte, noch von Goethes berühmter „Italienreise" – na, gute Nacht – so viel Bildung tut ja schon fast weh. Man muss doch auch noch Spaß haben.

Inzwischen waren wir den sogenannten „Stiefel" von Italien schon ganz schön weit in den Süden hinuntergefahren und hatten nun, wie die Eltern versprachen, unser letztes Etappenziel vor dem Besuch bei Cilly erreicht. Vater meinte: „Das wird euch wieder gefallen", nämlich was es da in Pompeji zu sehen geben würde. Heute erfuhren wir auch, dass Vater schon mal in seiner Studentenzeit mit einem Freund zusammen das alles hier abgewandert war und er sich gewissermaßen auf den Spuren seiner Jugend bewegte. Ich kann nur sagen, als ich viele Jahre später dann auch als Erwachsene alle diese wunderbaren Orte und die Kunst wiedersah, da hatte ich auch einen anderen Blick darauf, als damals als ich dreizehn Jahre alt war.

Also Pompeji, die Stadt, die von einem schweren Ausbruch des Vesuvs, eines Vulkans, eines feuerspeienden Berges, so überrascht wurde, dass die Menschen auf der Flucht vor der glühend heißen Lava und den alles erstickenden Gasen und den Unmengen von herabstürzender Asche in ihrem Todeskampf versteinert wurden.

Das konnte deswegen passieren, weil nach dem letzten verheerenden Ausbruch achthundert vor Christi Geburt der Vulkan jahrhundertelang ruhte – oder schlief, wie man sagte, und als erloschen galt, so dass die Menschen sorglos wurden. Und so entstanden an der Bucht von Neapel wohlhabende römische Siedlungen, Villen und Landhäuser. Die Abhänge des Vesuvs waren für guten Wein und gesunde Luft berühmt. Der letzte plinianische Ausbruch des Vesuvs, bei dem die Orte Pompeji, Herculaneum, Oplontis und das rund zwölf Kilometer entfernte Stabiae unter Staub- und Aschemassen vollständig begraben wurden, ereignete sich laut Plinius am vierundzwanzigsten August des Jahres neunundsiebzig nach Christi Geburt. Plinianische Eruptionen verdanken ihren Namen dem Augenzeugen und Chronisten Plinius dem Jüngeren, der den Ausbruch des Vesuvs in zwei Briefen an den römischen Geschichtsschreiber Cornelius Tacitus beschrieb. Sein Onkel Plinius der Ältere fand bei diesem Ausbruch den Tod. Diese Vorstellung, dass die Menschen unentrinnbar dem Tod ins Auge sehen mussten – schon wieder gruselte es mich. Die erhaltenen, ausgegrabenen Häuser, Wohnungen, Straßen – wie eine Geisterstadt, geschmückt mit herrlichen Wandbildern, mit spielenden Delphinen und badenden, fast nackten Schönheiten in dem berühmten pompejanischen Rot – das war natürlich sehenswert und ein Erinnerungswert.

Aber nun hatten wir trotz allem genug von diesen Bildungsaufenthalten. Es ging also – mit unserem treuen Moskwitsch weiter nach Salerno. Der Moskwitsch hatte die ganzen tausende Kilometer weite Strecke nicht mehr gestreikt, nicht wirklich gestreikt, nur regelmäßig seinen Kühler kochen lassen und uns zu Zwangspausen veranlasst– die uns Kindern immer sehr recht waren –, um das verdunstete Kühlerwasser nach seiner Abkühlung aufzufüllen.

Salerno ist eine Hafenstadt am Golf von Salerno (Mittelmeer) im Süden Italiens. Hier interessierten uns nicht hauptsächlich die alten Bauten und Burgen, sondern das Meer – endlich im Meer baden, am Strand buddeln – Ferien von jeglicher Bildung aber eben auch das Wiedersehen mit Cilly und Aldo, ihrem italienischen Mann und der Tochter Idina. Mit Aldo bin ich auf seiner Vespa (Motorroller) die kurvenreiche Straße nach Sorrent mitgefahren, immer am Abgrund zum Meer hin entlang – das war toll. Peter musste im Auto fahren (leider durfte er auf der Rückfahrt Motorroller fahren und ich musste ins Auto zu den Eltern), aber diese Hinfahrt war für mich ein herrliches, wildes, freies Abenteuer. Die Stadt Sorrent liegt an der Amalfi-Küste am Golf von Neapel. Sie liegt über schwarzen Steilklippen aus dunk-

lem vulkanischem Gestein. Auch hier hatte es immer wieder Vulkanausbrüche gegeben.
Im Laufe der Jahrhunderte haben viele Völker den Versuch unternommen, die von den Griechen errichtete Stadtmauer zu durchbrechen und das Städtchen zu erobern. So wurde Sorrent 1133 von den Normannen eingenommen. Da die Etrusker weitere Eroberungszüge unternahmen, so 474 vor Christus in der Seeschlacht im Golf von Neapel, als die Flotten von Syrakus und Kyme die Etrusker besiegten. Diese historische Schlacht wurde dort vor Sorrent historisch nachgespielt, mit den nachgebauten alten Segelschiffen, Soldaten in ihren früheren Uniformen, Kanonen und großem Getöse. Dieses Schauspiel – deswegen waren wir nach Srorent gefahren – war ein tolles Erlebnis. Eine „echte“ Schlacht nachzuspielen, was für eine Idee!?
Als wir wieder zu Hause in Köln waren, erfuhren wir, dass Aldo, Cillys Mann, wegen Mordes an seiner ersten Frau ins Gefängnis geworfen wurde, weil ein Nachbar bei der Gendarmerie angezeigt hatte, dass er sie im Krieg getötet haben solle. Er muss nun lebenslänglich im Gefängnis sein, und Cilly mit ihrer kleinen Tochter wusste nun gar nicht, wie für sie beide das Leben weiter gehen sollte. Sie hatte über das Schicksal der ersten Frau natürlich nichts gewusst. So gibt es auch heute, so lange nach Kriegsende, noch mit dieser Zeit in Zusammenhang stehende schreckliche Folgen. Meine Eltern haben Cilly später geholfen, in Deutschland wieder Arbeit und Wohnung zu finden.
Die Rückfahrt nach Köln ging viel schneller als die wegen der Bildung so oft unterbrochene Hinfahrt – in drei Tagen waren wir wieder in Köln und da wir dieses Mal den viel niedrigeren und von der Anlage der Straße her nicht so steilen Brenner-Pass benutzten, der nur 1.370 Meter hoch ist, brauchten wir auch nicht wieder solche abenteuerlichen Extratouren im Rückwärtsgang zu fahren, zu schieben oder Ähnliches zu machen wie auf dem Großglockner – der Moskwitsch schaffte diesen Berg, mit nur einmal Kühlwasserkochen, spielend. Auf dem Brenner verläuft außerdem die Grenze zwischen Italien und Österreich und so waren wir dann auch schon

wieder im fast deutschsprechenden Raum, denn das Österreichisch ist zwar für unsere Eltern gut verständlich, da es dem Sudetendeutschen aus ihrer Heimat sehr ähnlich ist, doch wir Kinder verstanden oft nicht, was die Leute uns sagen wollten.

Zum Moskwitsch bleibt abschließend noch zu sagen, dass zwei Jahre später meinem Vater ein anderer Autofahrer dort so „reingefahren" ist, dass der Moskwitsch einen Totalschaden erlitt und verschrottet werden musste – wir waren alle sehr traurig darüber, diese Verbindung zu unserer Russlandzeit nun auch noch gegen einen grunddeutschen schwarzen Opel Rekord eintauschen zu müssen. Die Versicherung machte das möglich. Das ist also das Ende der Geschichte von unserem Moskwitsch.

Vergiftete Sonntage

Als ich ein Teenager war – damals sagte man Backfisch –, in den späten fünfziger Jahren, da wurden die Kleider, wurde die Garderobe noch überwiegend selbst genäht, und wenn es etwas Besonderes sein sollte, dann kam die Schneiderin ins Haus und passte einem das Gewand nach Maß an. Die Anproben waren immer sehr pieksig und von mir ganz und gar nicht geliebt.

Inzwischen hatte sich Köln wieder ein bisschen aus den Trümmern herausgearbeitet und in der Hohen Straße gab es ein gutes Geschäft mit Kleidern „von der Stange", wie das etwas abfällig damals hieß. Da ich inzwischen Lehrling für die Schaufenstergestaltung war und weil es sowieso schick und „in" war, lief ich am liebsten in Jeans herum, die damals bei den Eltern, und nicht nur bei meinen, als spektakulär aufmüpfig galten – besonders bei Mädchen.

Nun hatte aber mein Vater beschlossen – und was der beschloss, das war Gesetz –, dass wir beide in diesen neumodischen Kleiderladen einkaufen gehen sollten. Vater aber hatte völlig andere Vorstellungen vom Outfit seiner Tochter, und so kam es im Geschäft zu einer heftigen Szene zwischen uns, in deren Verlauf ich mir in aller Öffentlichkeit eine Ohrfeige einfing und dann natürlich – wie mein Vater sich ausdrückte – nur noch mehr bockte. Zum Schluss gingen wir mit einem – für meinen Geschmack fürchterlichen – Rock aus dem Laden, den ich niemals freiwillig angezogen habe und um den es noch zwei Jahre lang, bis er mir endlich nicht mehr passte, Auseinandersetzungen gab – meist sonntägliche, da ich an diesen stressigen Familientagen im Sinne der Eltern ordentlich gewandet sein sollte. So kam es, dass ein Rock unsere familiäre Sonntäglichkeit nachhaltig vergiftet hat.

Meine Lehrzeit in Köln

Im April 1958, mit vierzehndreiviertel Jahren, trat ich als aufgeschossener schlanker weiblicher Lehrling meine sogenannten Lehrjahre an. Vater gab mir gleich seine wichtigsten Grundsätze mit auf den Weg:
„Lehrjahre sind keine Herrenjahre, da wirst du einiges durchmachen, ertragen müssen."
Wie kam ich zu dieser Lehre? Ich wollte Tierpflegerin oder Kindergärtnerin werden und, wenn ich Abitur gehabt hätte, Archäologin.
Doch meine Mutter meinte: „Da musst du für fremde Leute putzen, das will ich nicht!"
Und dann kam der entscheidende Satz: „Das Kind malt so schön!" Und „man" (die Eltern, ich mit meinen Wünschen war in diesem „man" nicht enthalten) beschloss, mich in diese Dekorateur-Lehre zu „stecken". Da half nichts – wenn meine Eltern etwas beschlossen hatten, besonders mein Vater, dann war das Fakt!
Wie ich erst später erfuhr, weil sich die neuen Kollegen so seltsam verhielten und hinter meinem Rücken so laut tuschelten, dass ich es nicht überhören konnte: Ich hatte diese Stelle durch Beziehungen meines Vaters zur Leitungsebene des Kaufhofkonzerns, zu dem auch die Kaufhallen gehörten, bekommen.
Damals war es sehr schwer, eine Lehrstelle zu bekommen, denn es gab x-mal mehr Bewerbungen als Stellen. Ich gehörte, obwohl im Krieg geboren, ja zu den geburtenstarken Jahrgängen. *Was* haben sich nur all diese Eltern im Krieg gedacht, so viele Kinder in die Welt zu setzen? Oder lag das daran, dass die Nazipropaganda (Mutterkreuz und Ähnliches) so sehr zog? Oder daran, dass es kaum Verhütungsmittel gab? Ich weiß es nicht. Jedenfalls, im Wege der Protektion durch meinen Vater bin ich Dekorateur-Lehrling in der Kaufhalle in der Hohen Straße in Köln geworden, leider nicht um meinetwillen, sondern eben nur durch Beziehungen.

Also fing ich diese Lehre an. Der Chefdekorateur war Herr Schücke, es gab noch einen Gesellen und drei Lehrlinge. Mary und Hedy im dritten Lehrjahr und Uwe im zweiten Lehrjahr.
Gleich zu Beginn wurde ich in die Apotheke geschickt, um „das goldene Augenmaß“ zu holen. Ich trabte natürlich nichtsahnend los und wurde dann, schon in der Apotheke und später dann in der Dekoration, mit hämischem Spott überschüttet, denn dieses „goldene Augenmaß“ gibt es natürlich weder in der Apotheke noch sonst wo zu kaufen – das musste man lernen: wie die Plakate, Blickfänge und Anderes im richtigen Augenmaß hergestellt, aufgehängt wurden. Das war also schon gleich am ersten Tag der wenig ermutigende Anfang.
Dann erfuhr ich zu meiner großen Bestürzung, dass ich das erste halbe Jahr durch alle Abteilungen der Kaufhalle musste. Ich wurde also zuerst runter ins Lager geschickt, wo ich Kartons auspackte, Kartons und Ware in Regale hob und sortierte, Kartons „klein machte“ und vieles ähnliche mehr. Im Keller war das, mit den Lagerarbeitern zusammen, die mir gerne zeigten, wo meine Grenzen, meine körperlichen Grenzen als junges Mädchen lagen und sich dann diebisch freuten, wenn ich „versagte“, etwas nicht zu heben, zu stemmen, vermochte.
Oben in der Dekoration über der Kaufhalle, diesem wenig kreativ gestalteten schaufensterlosen, eher Stapelware zeigenden Laden, war man mir gegenüber weiterhin auch sehr frostig, wegen der Beziehungen meines Vaters. Einerseits hatten die Kollegen Angst, dass ich sie anschwärzen könnte, andrerseits bereitete es ihnen diebische Freude, mich zu piesacken. So mussten wir damals noch von Montag bis Samstag jeden Tag zehn Stunden arbeiten und bekamen dafür lächerliche fünfzig D-Mark im ersten Lehrjahr, achtzig im zweiten und hundertzwanzig im dritten Lehrjahr. Als ausgelernte Gesellin erhielt ich zweihundertachtzig D-Mark im Monat. So war das damals. Unvorstellbar heute. Denn es gab noch kein solches Jugendschutzgesetz wie heute, wir Lehrlinge konnten ausgebeutet und schikaniert werden, ganz wie es den Älteren gefiel.

So gefiel es dem nur ein Jahr älteren und ein Lehrjahr weiteren Uwe besonders, abends, kurz vor Feierabend um neunzehn Uhr, die zahllosen Pinsel, die ich über eine Stunde mühsam unter kaltem Wasser und mit Kernseife ausgewaschen hatte, noch mal in sämtliche Plakafarbtöpfe zu tunken und mir erneut ins Waschbecken zu schmeißen, so dass ich noch mal von vorne anfangen musste. Aber – meine Mutter wollte ja nicht, dass ich für fremde Leute putzen sollte ...

Ich verbrachte also ein Vierteljahr als „Kellerkind" im Lager, dann kam ich in die Verkaufsräume, wo ich Käse abwog und in Folie einschweißte, Süßigkeiten und Wurst abwog und was es da sonst noch alles zu tun gab. Das alles erinnerte mich an frühere Kaufmannsladenspiele, die ich damals durchaus gern gespielt habe, nur dass ich jetzt ständig unter Argusaugen arbeitete, die nur darauf lauerten, dass ich einen Fehler machte.

Auch diese Zeit schaffte ich und dann, so dachte ich, ginge es endlich, endlich mit der Schaufensterdekoration für mich los. Doch – nun kam erst die richtige die Schlepperei, denn das „Fenster", das zur Neudekoration anstand, musste ausgeräumt werden, mussten die Fußböden gesaugt, die schweren, mehr als einen Meter Durchmesser großen Glasplatten gereinigt werden, Ware herangekarrt, ins Schaufenster angereicht, Leergut abtransportiert werden und überhaupt alles, was ein sogenannter „Handlanger" tun musste. Und dieser „Handlanger" war ich.

Das machte ich dann weitere eineinhalb Jahre, bis ich im dritten Lehrjahr dann in die Plakatschreiberei kam – dort residierte Mary, die inzwischen ja ausgelernt hatte. Hier lernte ich mit Flachpinseln aus Dachshaar in den verschiedensten Größen und Schriftarten (alles, was ich heute mit meinem PC spielerisch einfach gestalten und ausdrucken kann) die Preisschilder für die Waren im Schaufenster und für die Theken im Laden zu schreiben. Auch sehr große Plakate zu beschriften – alles per Hand, per ruhiger Hand – was ich offenbar sehr gut machte, denn erstens wurde ich hier zum ersten Mal gelobt und zweitens kann ich das noch bis heute. Ich besitze meine Dachs-

haarpinsel noch, und ab und zu ist das ganz toll, dass ich meine eigenen Gedichte damit auf riesige Rollen Papier schreiben kann und Ähnliches.
Auch arbeiteten hier ja noch Hedwig und Mary, letztere hieß eigentlich Maria (und ich heiße ja Heidrun, damals noch Heidi genannt). Hier wuchs eine Freundschaft, besonders zu Mary, die immer noch per Brief, Telefon und gelegentlichen Besuchen besteht. Wir drei nannten uns damals das „Y – Kleeblatt“: Mary, Hedy und Heidy, und ich war glücklich, endlich mal irgendwo dazuzugehören.
Doch nun kam meine Gesellenprüfung. Ich hatte, was jeder Lehrling tun muss, die drei Jahre lang ein Lehrberichtsheft für die Berufsschule geführt und war mit meinem Wissen – über T-Ständer, Sockel und anderen wichtige Hilfsmittel beim Aufbau in den Schaufenstern – gar nicht so schlecht. Doch bei der praktischen Prüfung, bei der man ein Fenster in der Berufsschule tapezieren und streichen sowie die Aufbauten selber anfertigen musste, ehe man es dekorieren konnte, da fiel ich durch.
Man soll ja anderen keine Schuld geben, doch es waren mal wieder meine Eltern, die sich besserwisserisch in meine Prüfung einmischten. Die mich zu Fall gebracht hatten. Wir waren kurz davor zusammen in Paris zu einem Kurzurlaub gewesen, und da sahen meine Eltern ein dekoriertes Schaufenster mit Vogelscheuchen, Strohgarben und darauf Bestecke als Vögel dekoriert. Das fotografierte Vater und das sollte ich nachbauen, das sei doch toll! Einmalig und kreativ. Was tut so eine „kleine Heidi“, sie ist brav und macht, was die Eltern sagen. Ich versuchte zwar, ihnen begreiflich zu machen, dass das zu modern, zu gewagt sei, aber – ich solle es einfach tun! Und die Prüfer in der Berufsschule in Köln, die fanden Bestecke auf Vogelscheuchen weder witzig noch gut und ließen mich deswegen durch die praktische Prüfung fallen. Solche avantgardistische Dekoration war für diese konservativen Lehrern eben – Mist! Heute würde so ein Schaufenster eine Eins bekommen – aber das war eben 1961, da *war* das eben nichts als Mist.
Mich stürzte dieses „Durchfallen“ in eine tiefe Krise.

Hinzu kam, dass ich zum ersten Mal richtig doll verliebt war und auch wiedergeliebt wurde. Jürgen war fünf Jahre älter als ich, er war Schlagzeuger in einer Band, und ich hatte mit ihm eine wunderbare verliebt-geliebte Zeit. Damals hatte ich ganz kurz geschnittene Haare und wir hatten zusammen gerade den Film „Wem die Stunde schlägt“ (nach dem Buch von Ernest Hemingway, mit Ingrid Bergmann) gesehen. Ein dramatisch herzergreifender Liebesfilm – und die Ingrid Bergmann hatte in diesem Film als Maria auch so kurze Haare – und das gefiel Jürgen so sehr, er nannte mich „seine Maria“. Noch nie hatte mich ein Mensch so liebevoll gesehen, behandelt. Das war so wunderbar – wie im Traum so schön.
Doch dann stellte sich heraus, dass er mit seinem Bruder nach Kanada auswandern wollte – ich sollte mitkommen.
Aber – ich war zu feige, traute mich nicht, war ja noch nicht volljährig – damals wurde man erst mit einundzwanzig Jahren volljährig. Vielleicht hätte sich mein ganzes Leben völlig anders gestaltet, wenn ich damals schon volljährig gewesen wäre und einfach mit nach Kanada ausgewandert wäre. Wobei ich nicht sagen kann – niemand kann das – ob das letztendlich für mich besser gewesen wäre. Aber nun zurück zu der Zeit.
Jürgen war jedoch kurz vor meiner Prüfung ausgewandert und hatte mir eine Kette geschenkt, die ich hütete wie meinen Augapfel. Er hatte mir versichert, dass er mich, sobald ich volljährig wäre – noch drei Jahre, puh! Wie sollte ich die nur überstehen? – nach Kanada nachholen würde.
Und dann bin ich noch durch die Prüfung gefallen – alles schlug über mir zusammen, mein ganzes fast achtzehnjähriges Leben lag in Scherben. Ich verlor jeden Lebensmut und versuchte mir mit einer Überdosis Schlaftabletten das Leben zu nehmen.
Nun kam es aber, was meine Familie betraf, erst „richtig dicke“, denn sie ließen mir zu Hause den Magen auspumpen und Vater herrschte mich an: „Sieh zu, dass du wieder auf die Beine kommst, denn du kannst ohne Krankschreibung nur drei Tage auf der Arbeit fehlen! Schließlich soll von deinem Ausraster ja niemand etwas erfahren – was sollen denn die Leute

von uns denken!“ Und – *das* war’s. Nie, *niemals* hat er, haben meine Eltern mich je gefragt, *warum* ich das gemacht hatte, *warum* ich so lebensmüde war. Nur funktionieren sollte ich gefälligst wieder und ihnen keine Schande machen!

An diesem Tag habe ich begriffen, dass mich diese Familie niemals halten, unterstützen, niemals verstehen würde, und damals wuchs in mir der Vorsatz: meinen Weg zu gehen, nicht mehr dieses fremdbestimmte, von den Eltern gewünschte, geplante, vermasselte Leben zu führen. Was mir dann ja letztendlich tatsächlich die Kraft gegeben hat für meinen weiteren, nicht gerade einfachen Bildungs- und Lebensweg.

So muss ich meinen Eltern im Nachhinein dankbar sein, dass sie mich so haben „hängen“ lassen und mich auf mich selbst, auf meine eigene Kraft zurückgeworfen haben – denn dieser Selbstmordversuch war ja nichts als mein allergrößter Hilfeschrei, noch größer als die Fluchtversuche in meiner Kindheit, und auch dieser Schrei wurde nicht gehört. Da gab es nur: Untergang oder Kämpfen und ich habe mich fürs Kämpfen entschieden.

Erst musste ich ja noch diesen von den Eltern bestimmten Weg zu einem „positiven“ Ende führen, denn meine Erziehung, diese strenge Erziehung durch meinen Vater, machte es mir trotz allem unmöglich, diese ungeliebte Lehre, diesen ungeliebten Beruf, ohne Abschluss abzubrechen.

Bei meinem zweiten Versuch also gaben mir dann Herr Schücke und der Geselle meiner Kaufhallendekoration die Vorgabe für das von mir zu dekorierende Schaufenster – strohbieder und langweilig –, denn auch sie wollten ja nicht, dass ich ihnen noch mal Schande machen würde. Ich sollte ein Fenster mit den damals sehr populären quietschbunten Murano Glas Vasen und Schalen auf selbst gebauten Sockeln anfertigen. Gediegenes Handwerk ohne Esprit.

Diese ewige Reinrederei, erst von meinen Eltern, dann von den Chefs, kam nur daher, dass ich ja noch niemals ein Schaufenster selber gestaltet hatte. Ich hatte ja bisher selber nur Handlangerdienste geleistet. Dieses unselige Vasenfenster – mit dem habe ich dann tatsächlich meine praktische Prü-

fung im zweiten Anlauf bestanden. Doch eigentlich wusste ich schon die ganze Zeit, dass dieses „kümmerliche“ Dekorieren, ohne kreative Einfälle, nach Schema F, nicht mein Ding war.
Und so beschloss ich, meine Eltern noch mal darum zu bitten, mir den Schritt zu einer Kindergärtnerinnenausbildung zu erlauben. Da kam dann aber ein geharnischtes „Nein!“, besonders von meiner Mutter, sie sagte: „Jetzt bin ich dran. Eine Ausbildung haben wir dir finanziert, nun reicht es.“ Auch Vater ließ sich nicht erweichen und so kündigte ich zumindest erst mal in dieser langweiligen Kaufhalle und wurde erst mal Dekorateurin bei „Lederwaren Langhardt“, wo ich mit meinem neuen Chef zusammen tatsächlich Taschen und Koffer *dekorieren* konnte sowie die damals in Mode gekommenen Ledermäntel und Lederjacken auf Schaufensterfiguren drapieren.
Ach, aber auch das befriedigte mich in keiner Weise, und der Wunsch, diesen ungeliebten Beruf an den Nagel zu hängen, wurde immer größer. Auch war der Kontakt zu Jürgen nach einem halben Jahr abgebrochen, so dass die Auswanderung also keine Option mehr war.
Ich erkundigte mich also heimlich, meine Eltern durften davon auf keinen Fall Wind bekommen, welche Voraussetzungen ich erfüllen müsste, um Kindergärtnerin werden zu können. Dazu gehörte in Köln, in Nordrhein-Westfalen, erstens die Mittlere Reife und zweitens ein Jahr Tätigkeit in einer kinderreichen Familie. Ich erkundigte mich nach einer Abendschule, um diese Mittlere Reife zu erlangen, und begann bei Familie Müller in Köln-Zollstock – drei Kinder, zwei Mädchen, Maria und Sofia, und ein kleiner Junge, Robert, sowie ein Architekturbüro auf dem gleichen Flur – meine hauswirtschaftliche Tätigkeit und Kinderbetreuung. Hier betreute ich nicht nur die Kinder, sondern putzte die Wohnung und das Büro, kaufte ein, kochte – war mit meinen achtzehn Jahren voll eingespannt in diesen Haushalt. Liebte besonders den kleinen Robert, der gerade anfing zu laufen.
Vorher hatte ich natürlich bei „Lederwaren Langhardt“ gekündigt – selbstverständlich ohne meinen Eltern etwas zu sagen. Ich hätte das eigentlich

nicht alleine tun dürfen, doch hatte alles bis hierhin, und auch der Beginn meiner Abendschule, wunderbar geklappt.
Doch dann war es Vater zu „bunt“ geworden, dass ich jeden Tag erst nach einundzwanzig Uhr nach Hause kam. Er mutmaßte natürlich, dass ich einen Freund, einen Kerl hätte, und dass ich mich „rumtriebe“. Diesem Treiben wollte er eines Tages, so etwa einen Monat, nachdem ich das alles begonnen hatte, Einhalt gebieten und stand zum Feierabend vor „Lederwaren Langhardt“ in der Hohen Straße, um mich abzuholen. Er wartete, bis alle Angestellten raus waren und fragte den letzten, wo ich denn bliebe. „Ach, Herr L. ihre Tochter hat doch schon vor einem Monat bei uns gekündigt!“ Daraufhin stürmte Vater nach Hause und steigerte sich bis einundzwanzig Uhr noch in seinen gerechten Zorn über mich hinein, seine unbotmäßige, sich rumtreibende Tochter.
Als ich also an diesem Abend von der Abendschule nach Hause kam und die Türe öffnete, da verabreichte er mir erst mal so eine gewaltige Ohrfeige, dass ich sie heute noch nach sechzig Jahren schmerzhaft spüre. „Wo kommst du jetzt her, was fällt dir ein, die Arbeit zu kündigen – was ist bloß mit dir los!“ Herrschte er mich an. Und unter Tränen und Schluchzen beichtete ich nun alles, was ich da so eigenmächtig angefangen hatte. „Nun, ich werde mich bei Müllers und in der Abendschule erkundigen, wie du dich machst, dann werden wir weitersehen“, sagte der Vater. Doch Mutter giftete: „Das wirst du ihr doch nicht durchgehen lassen, damit muss sie sofort aufhören, wer soll denn das bezahlen?!“
Die Anrufe – man stelle sich das heutzutage vor, dass ein Vater auf der Arbeitsstelle seiner heute ja mit achtzehn Jahren volljährigen Tochter anrufen und sich erkundigen und dasselbe in der Abendschule tun würde – sehr peinlich. Aber, er erfuhr nur Lobendes über mich, und nachdem er mich sich noch einmal „intensiv vor die Brust“ genommen hatte, erlaubte er mir, dass ich diesen Weg weiter gehen könne.
Ich wollte aber auf keinen Fall mehr zu Hause wohnen bleiben und fragte bei Müllers an, ob ich nicht auch dort wohnen könne, was denen sehr recht

war, denn nun hatten sie ja auch für abendliche Ausgänge ein Kindermädchen im Haus.
Um es kurz zu machen – ich bekam meinen Mittlere-Reife-Abschluss. Was aber gar nicht so einfach war, denn wir waren in Köln in der Abendschule zwar auf diese „Fremdenprüfung" vor Lehrern des Kultusministeriums in Düsseldorf vorbereitet worden, doch wir kannten bei diesem Kultusministerium dort ja keinen Lehrer und wussten nichts darüber, wie sie waren und was sie von uns in ihren Fächern erwarteten. Es hieß – nicht gerade ermutigend –, dass bei diesen Prüfungen fünfundsiebzig Prozent durchfallen würden (was auch tatsächlich der Fall war), doch – ich schaffte es.
Eine kritische Situation bei dieser Prüfung kam im Geografie-Test: „Zeig mir, wo der Rhein entspringt!" ... „Was, das weißt du nicht, wo hast du denn die letzten Jahre verträumt?" Die anderen Prüflinge brachen in hämisches Gelächter aus – da stand ich mal wieder und war so dumm, aller Groll der Lehrer auf unfähige Schüler braute sich über meinem Haupt zusammen. Hilflos, ohnmächtig, fragte ich mich mal wieder: „Warum fragt mich niemand, wo der Djneper, die Newa, der Don entspringen?" Ich war doch so viele Jahre nicht hier in Deutschland, hier nicht in der Schule gewesen – ich kann russische Geografie, russische Geschichte, russische Sprache, und das, was ich nun wissen soll – eine Karte von Deutschland, die ist mir immer noch so unvertraut, fremd. Wieder sah man meine Not nicht. Gott sei Dank führte dieser Patzer nicht zum Durchfallen, denn alles andere wusste ich sehr wohl, konnte zeigen, was ich in den vergangenen Jahren alles gelernt hatte.
Und nicht nur ich, sondern auch Irmgard Wasser, mit der ich immer und immer das ganze Jahr über gebüffelt und gelernt hatte, auch sie bestand. Das war aber erst noch eine Schreckenszeit, als ich auf Irmgards „Bestanden" warten musste, denn es dauerte noch minutenlang, bis es so weit war, denn man gab die Ergebnisse laut, nach dem Alphabet durch und ich war mit meinem "L" natürlich vor „W" dran. Ich hielt fast die ganze Zeit zwischen „L" und „W" die Luft an – bis endlich, endlich die erlösende Nach-

richt kam, dass Irmgard auch bestanden hatte! An diesem Abend feierten wir unseren Etappensieg, wir gingen in ein Lokal und – typisch rheinländisch – die anderen Lokalbesucher feierten unseren Sieg mit.
Ich war nun schon einen wichtigen Schritt weiter gekommen auf meinem beruflichen, von mir selber heiß gewünschten Werdegang. Da ich aber unbedingt von Köln und den Eltern weg wollte, erkundigte ich mich, wie die Aufnahmebedingungen in Hamburg seien. Dort wurde 1964 die Ausbildung von der Kindergärtnerinnen- zur Erzieherinnenausbildung umgestellt. Für die Aufnahme in diese Erzieherfachschule in Hamburg hätte ich gar nicht die Mittlere Reife nachmachen müssen, da meine abgeschlossene Lehrausbildung als Dekorateurin angerechnet worden wäre. Aber ich musste eine sogenannte externe Prüfung in der Frauenfachschule in Hamburg-Rissen zu meinen hausfraulichen Fähigkeiten machen. Darauf hatte mich Frau Müller offenbar sehr gut vorbereitet, und so wurde ich denn so ganz nebenbei „Meisterhausfrau", was mir später im Kinderheim und auch im Leben sehr zugute kam.
Allerdings verlangte die Hamburger Ausbildungsstätte außerdem vor Eintritt in die schulische Ausbildung ein sogenanntes „Erziehungshelfer-Jahr". Da ich ein Jahr im kinderreichen Haushalt gearbeitet hatte, rechnete man mir ein halbes Jahr davon an, verlangte aber ein weiteres halbes Jahr Kindergartenarbeit.
So ging ich zum Kindergarten St. Kunibert in Köln und traf dort auf Schwester Huberta, der ich mein Anliegen vortrug. Sie nahm mich spontan in den Arm und sagte: „Sie schickt mir der Himmel" – und zeigte mir, wie sie arbeitete. Sechzig Kinder in einem großen Saal, den man durch eine Schiebetür teilen konnte. Sie zählte dreißig Kinder ab, schloss die Schiebetür und meine, dass das nun meine Gruppe sei. Und so bin ich mit meinen knapp zwanzig Jahren, stolz wie sonstwer, mit weißer Schwesternschürze eine Respektsperson geworden und habe mich Hals über Kopf in das „Abenteuer" Kindebetreuung geworfen.

Als ich dann also endlich alle Voraussetzungen beisammen hatte, zog ich nach Hamburg in ein möbliertes kleines Zimmer in Hamburg-Othmarschen und begann nun endlich, fast einundzwanzigjährig, mit meiner eigentlichen Berufung. Konnte nun endlich beginnen, den Beruf zu erlernen, der für mich seitdem – nach dem weiterem Aufbaustudium in Sozialpädagogik – nun schon über fünfzig Jahre meine Berufung, meine Leidenschaft ist.

Skurrile und nicht skurrile Sammlungen

Wir Menschen sind, das haben wir ja alle in der Schule gelernt, von unseren frühesten Zeiten an (von der Geschichte der Menschheit her gesehen) Sammler und Jäger.

Nun war und ist es wohl überwiegend immer noch so: die Männer zogen (und ziehen) mit Pfeil und Bogen hinaus, um zu jagen, und die Frauen und Kinder zogen mit geflochtenen Körben hinaus ins Umland, um Beeren zu pflücken, Pilze und Früchte zu sammeln und gewissermaßen den Speisezettel zum damals alles dominierenden Fleisch zu verfeinern und gesünder zu machen.

Ich nun, bekanntermaßen ein Mädchen, hatte also dieses „Sammler-Gen" in mir, und das führte dazu, dass ich „natürlich" von jedem Streifzug dort draußen im Park des großen Schlosses alles mitbrachte, was man in Schürzentaschen verstauen oder klebrig in der geschlossenen Faust befördern konnte.

Das waren aber meistens Dinge, die meine Mutter mit samt meiner Person, der stolzen Sammlerin, aus dem Haus jagte. Ich brachte Käfer, Raupen, angemorschte Rindenstückchen, Stöckchen, Pilze, Pflanzen, vermodertes Moos, sumpfiges Gras – und was es da draußen noch so alles Interessantes, Sammelnswertes zu finden gab – mit nach Hause.

Als ich damit immer wieder hinausgeworfen wurde, schloss ich mich Vaters Briefmarkensammelleidenschaft an.

Für mich waren diese kleinen Bilder immer so eine Art „Bilderbuch der Erinnerungen", diese kleinen, gezackten, bunten Wunderwerke, die Vater da akribisch mit der Pinzette in sein Album steckte.

So saß ich schon als Kind staunend davor, lernte an ihnen Pflanzen, Gebäude, berühmte Persönlichkeiten, Städte und Landesteile der damals so unendlich großen Sowjetunion kennen.

Ich erkannte aber auch Bilder wieder, die ich in der „Eremitage" und dem „Russischen Museum" in Leningrad gesehen hatte, wie die „Wolgaschlepper“ oder die „Neunte Woge“, die mich so sehr beeindruckt hatte in jenen Kindertagen, die durch die eigene Kleinheit das Große noch größer erscheinen ließen. Diese „Neunte Woge“ war, wie ich vierzig Jahre später bei einem Besuch feststellen konnte, wirklich ein sehr großes realistisches Gemälde, das auch die Erwachsene noch verschlingen konnte. Auf der Briefmarke hingegen war diese Meeresgewalt nur noch niedlich, hübsch, Erinnerung weckend anzusehen.

Natürlich gab es in Vaters Sammlung auch Marken von russischen Volksmärchen, Geschichten – so von den „Drei Bären“, Mischkas, von „Ruslan und Ludmilla“ von Puschkin und vom „Feuervogel“ und anderen, die damals meine Phantasie entzündeten. So auch Marken mit der schrecklichen Hexe: „Babajaga“, dem „weisen, sprechenden Kater“ und mit anderen Wundern belebten.

Wenn es in dieser Zeit auch nicht viel zu kaufen gab, so gelang es Vater doch, alle Sonderbriefmarkensätze, die die Sowjetische Post herausbrachte, zu erwerben. Er hatte also eine einmalige komplette Sammlung der Zeit von 1946 bis 1954, die er mit uns, seiner Familie, als Torpedospezialist dort verbrachte.

Es gelang ihm auch, dieses kostbare Album mit in die DDR nach Ostberlin zu nehmen und später dann sogar bei der Flucht in den Westen mit „rüber“ zu retten.

Diese Sammlung der kompletten acht Jahre aus dem hinter dem „Eisernen Vorhang“ liegenden Land war für ihn ein Schatz, eine Garantie, dass in schlechten Zeiten etwas da sei, was Wert hatte, ja an Wert von Jahr zu Jahr einen Zuwachs erfahren würde, ganz abgesehen vom Erinnerungswert, den diese bunten, gezahnten Bildchen für ihn – und für uns aus unserer Familiengeschichte heraus sowieso hatten.

Nach meiner Scheidung, ehe ich wieder so recht in meinem Beruf Fuß fassen konnte, schenkte mir mein Vater diesen kostbaren Schatz mit der ausdrücklichen Ermahnung, ihn nur im allergrößten Notfall zu veräußern.

Viele Jahre war ich also die Besitzerin dieser „sprechenden“ Sammlung, dieses Spiegels meiner Kinderjahre in Russland. Ich schaute sie mir hin und wieder an und erzählte später dann meinem Sohn, der sie sich auch gerne anschaute, die Märchen, Geschichten und Ereignisse von damals.
Doch dann kam eine Zeit arger finanzieller Bedrängnis und ich erinnerte mich dieses Schatzes, besorgte mir ein Buch zum Bestimmen seines jetzigen Wertes und freute mich, als sich dieser auf über 3000 D-Mark beziffern ließ.
Ich dachte, dass Vater, der inzwischen schon gestorben war, es wohl verstehen würde, wenn ich nun, da ich in Not war, diesen Schatz zu Geld machte. Jemand, ich weiß nicht mehr wer, riet mir, die Sammlung einem renommierten Hamburger Auktionshaus zur Versteigerung zu übergeben, denn in der Kleinstadt Rotenburg, in der ich damals lebte, konnte ich keinen Käufer finden.
Das Auktionshaus teilte mir mit, dass es zehn Prozent Provision vom erzielten Kaufpreis für sich berechnen würde, und ich war es zufrieden, denn mir blieben, so dachte ich, dann ja immer noch mindestens zweitausendsiebenhundert D-Mark übrig.
Noch einmal reisten mein Sohn und ich mit Hilfe der Briefmarken in die Vergangenheit in das nun so ferne Land meiner Kindertage, dann verpackte ich alles und sandte es per Einschreiben an das Auktionshaus.
Acht Wochen später erhielt ich einen Brief mit der Aufforderung, dass ich dem Auktionshaus doch meine Kontonummer mitteilen solle, denn man wolle mir „zweihundertsiebzig DM“(!), den Erlös abzüglich der Provision, den man im vierten Versteigerungsversuch erzielt habe, überweisen.
So hatte ich denn eine Lektion in „freier Marktwirtschaft“, in Mechanismen von Angebot und Nachfrage, sehr verlustreich lernen müssen. Meinen Schatz der frühen Kindheit hatte ich durch meine eigene Dummheit, denn ich hätte natürlich ein „Mindestgebot“ festlegen müssen, verloren und war sehr traurig über dieses unwiderrufliche Missgeschick.

Weniger verlustreich und einschneidend verlief es mit meinen anderen Sammelversuchen. So bekamen wir Kinder zu Ostern, Weihnachten, und wenn Freunde der Eltern zu Besuch kamen, oft Marzipantiere, in Cellophan verpackt, geschenkt. Diese verschlang mein Bruder immer schnellstens und rieb sich nach diesem Genuss genüsslich den Bauch. Verlangend schielte er dann zu meinem Geschenk. Ich, die ich nicht gern Süßes aß, bewahrte diese Figürchen auf und spielte mit ihnen die tollsten Rollenspiele – bis, ja, bis mein Bruder es wohl nicht mehr aushalten konnte und – schwups – war die ganze Menagerie in seinem Magen verschwunden. Ich zeterte natürlich, beklagte mich aufgebracht und Gerechtigkeit heischend bei den Eltern, aber „hin ist hin und futsch ist futsch". Und eine weitere lakonische Bemerkung der Eltern war: „Gönn es ihm doch, wenn du sie gar nicht isst!". Auch diese Sammlung immer wieder ein Verlust.
Weitere Sammlungen verschwanden dann einfach nur durch Umzüge oder das Älterwerden, wodurch der Sammlertrieb oder die Objekte nicht mehr so wichtig waren. Da gab es mal eine Phase mit einem Wanderstecken, den ich mir bei unserer ersten Österreichreise zugelegt hatte – für den kaufte ich von meinem Taschengeld überall, wo wir hinfuhren, eine Plakette, die ich dann auf den Stock nagelte. Sstolz brachte ich es auf vierzehn solcher Plaketten ... Wann und wo ich diesen „Wanderstecken" mit meinen Plaketten verlor, entsorgte – ich weiß es nicht mehr.
Dann sammelte ich eifrig Zuckerstückchen, wenn wir mit den Eltern irgendwo eingekehrt waren und diese nicht im Tee oder Kaffee verschwanden. Am liebsten waren mir die in Horoskope eingepackten Stückchen. Ich brachte es auf eine ansehnliche Menge, aber auch die – sie sind verschwunden.
Eine umfangreiche Bierdeckelsammlung folgte den Vorgängern ins Nirgendwo.
Die einzigen Sammlerergebnisse, die ich noch habe, mich nie von ihnen trennen konnte, auch wenn meine Katzen sich manchmal an ihren Buchrücken die Krallen schärften, das waren die Zigarettenbildchen. Mein Vater

rauchte – leider sehr viel – die Marke „Nil". In jeder Schachtel gab es Bildchen zum Sammeln. Ich kaufte mir von meinem Taschengeld die dazugehörigen Sammelalben, in die ich mit Begeisterung diese Zigarettenbildchen klebte. Auch tauschten wir Kinder in der Schule manchmal Bilder aus, da man auch doppelte bekam – die Zigarettenschachteln, die Vater kaufte, konnten ja nicht wissen, dass ich das eine Bild schon hatte und mir ein anderes noch dringend fehlte. Doch durch dieses Tauschen hatte ich fast keine Lücken in der Bebilderung meiner Alben. Und ich lernte ja auch viel aus diesen „Bilderbüchern", denn unter den Bildern wurden dann die Tiere, Pflanzen auch noch beschrieben, und das half mir zu einem durchaus nicht schlechten Wissen über diese Dinge.

Und so besitze ich nun also immer noch folgende Alben: „Aus Wald und Flur, „Tiere unserer Heimat". Hierin erfuhr ich Ausführliches über das Leben der Hirsche und Rehe, der Wildschweine, Füchse und Dachse. Auch die Hasen wurden nicht vergessen, sowie das Eichhörnchen und der Feldhamster. Ja, sogar Fledermäuse, Eidechsen, Schlangen und Frösche waren bebildert und beschrieben. Mir fehlten und fehlen dort noch die Vögel, die kamen gar nicht vor. Wahrscheinlich gab es dazu einen gesonderten Sammelband, den ich aber nicht hatte. „Gestalten der Weltgeschichte" war dann noch ein weiterer Band. Darin fand ich auch je ein Bild und einen Text über Zar Peter den Großen und Zarin Katharina I. von Russland. Das war es dann aber auch schon mit den russischen „Persönlichkeiten" – aber immerhin, eine kleine Begegnung mit meiner Kindheit, mit dem Geschichtsbuch meiner Kindheit, mit dem Zaren-Schloss und meinem ganzen früheren Leben. Wozu doch die Sammelleidenschaft so alles führt. Leider bei meinem Vater zu einem schlimmen Raucherbein.

Eine weitere Sammelleidenschaft, die ich bis heute nicht abgelegt habe, sind Bücher – ach – ich liebe Bücher! Schon als Kind begann ich mir eine kleine eigene Bibliothek zuzulegen – und konnte diese lesend ja noch durch die Abenteuerbücher meines Bruders und die Bücher, Kunstbücher, Fotobücher und Reisebeschreibungen aus dem elterlichen Bücherregal ergän-

zen. Natürlich waren mir städtische Büchereien auch immer einen Weg wert und so bekam ich, und habe ich bis heute, immer einen Leseausweis in allen Orten, an denen ich gelebt habe, und das waren nicht wenige.
Seit ich nun einen eigenen Garten und viele Fensterbretter im Haus habe – Fenster, die netterweise alle nach außen aufgehen, so dass ich die Fensterbänke mit selbstgezüchteten, zum Blühen gebrachten Hibiskus, Usambara-Veilchen, mit Zitronenmelisse und anderen wunderbaren Pflanzen vollstellen und und trotzdem im Sommer die Fenster zum Lüften öffnen kann. Dieser Umstand bot mir dann auch Raum für meine Gärtnerleidenschaft und insbesondere für das Ableger-Züchten. Ich verschenke diese liebevoll gezüchteten Pflanzen dann oft, wenn ich die begehrlichen Blicke von Freunden sehe, denn ich kann mir ja jederzeit neue Ableger züchten. Meine neuesten Züchtungen sind Avocados, deren Kerne ich in die Erde gelegt und fast ein halbes Jahr, ohne dass etwas zu sehen gewesen wäre, gegossen habe. Jetzt sprießen die beiden Pflänzchen aber prächtig und ich bin glücklich, glücklich auch mit den Ergebnissen *dieser* Sammelleidenschaft in meinen alten Tagen.

Praktikum auf St. Pauli

Während meiner Ausbildung zur Erzieherin, musste ich im Jahr 1966 ein weiteres Praktikum machen. Ich wählte mir den „Jugendtreff Herrenweide" auf St. Pauli in Hamburg aus, da ich ja einen Hang zu „Schmuddelkindern" habe. Hier trafen sich straffällig gewordene Jugendliche (meistens Jungen, junge Männer), die vom Richter die Auflage bekommen hatten, dass sie mindestens einmal in der Woche hier ihre Freizeit verbringen mussten, um „unter Aufsicht" zu sein, um möglichst nicht wieder straffällig zu werden.
Wir veranstalteten zusammen mit Ambrosius, der Leiterin des Treffpunktes, Tanzveranstaltungen, Gesprächskreise und noch so allerlei Anderes. Es war schon eine besondere Sache, und irgendwie schon ganz schön gruselig zu wissen, dass man gerade mit einem jugendlichen Mörder öder Räuber tanzte oder sprach, denn das blieb nicht aus, da so wenige weibliche Jugendtreffbesucher da waren. Ich war ja selber noch sehr jung. – dreiundzwanzig Jahre alt.
Zur gleichen Zeit wie ich machte ein Psychologiestudent im dritten Semester ebenfalls ein Praktikum dort. Natürlich kamen wir miteinander ins Gespräch und mochten uns auch recht gerne. Irgendwann kam die Frage nach dem jeweiligen Geburtstag auf, und da kam sie wieder, die magische Zahl. Ich verriet also Hajo (so hieß er), dass ich am 31. Juli Geburtstag hätte und da meinte er: „Hast du in meinen Personalausweis geschielt? Hat Ambrosius dir das verraten – willst du mich auf den Arm nehmen?" Ich sagte: „Wieso, ich habe schon seit dreiundzwanzig Jahren an diesem Tag Geburtstag." Da lachte er, zog nun aber tatsächlich seinerseits seinen Personalausweis aus der Tasche, und da sah ich es – er hatte auch am 31.Juli Geburtstag, allerdings 1944, war also ein Jahr jünger als ich.
Irgendwann gingen wir dann zusammen ins Kino, zum Essen, in die Oper, ins Ballett – wurden wir uns gegenseitig immer sympathischer. Auch ein Besuch bei seiner Mutter (sie war Kriegerwitwe) und seinen Großeltern, mit denen er noch zusammen in Hamburg-Altona lebte, blieb nicht aus. Ich

genoss es, wenn mein Besuch angekündigt war, schon im Treppenhaus zu riechen dass Oma Krause (seine Großmutter) wieder meine heißgeliebten Kartoffelpuffer gebraten hatte. So viel Verwöhnung, liebevolles Wahrnehmen meiner Vorlieben, das war ich nicht gewohnt. Meine Mutter stöhnte eher nur, wenn ich früher Besuch mitbrachte. Ich wurde also gern gesehener Gast bei Hajos Familie, besonders als ich dann ein weiteres Anerkennungsjahr in Hamburg-Bergedorf in einem Kinderheim machte und dort auch wohnte, in diesem Heim.

Da hatte ich ein so winzig kleines Zimmer, dass nicht einmal ein Schrank hinein passte. Also fuhr ich an meinen wenigen freien Tagen sehr, sehr gern nach Altona zu Besuch zu Hajos Familie.
Ich hatte in meiner Jungengruppe im Kinderheim – neunzehn Jungen und ein Mädchen im Alter von neun Monaten bis siebzehn Jahren – also auch ein Baby, Baby Jane, ein schokoladenbraunes afrikanisches Mädchen, die Schwester zweier anderer Jungen in meiner Gruppe. Da ich nun aber die Betreuung dieses Babys rund um die Uhr hatte, war auch sie im Kinderwagen mit dabei, als Hajo und ich in Bergedorf bei einem Juwelier Verlobungsringe kaufen gingen. Der Juwelier, er ist damals gerade noch an einem

Herzinfarkt vorbeigeschrammt, denn als wir die Ringe probierten und ich den immer auf den linken Ringfinger steckte, da meinte er: „Wenn man eine so sichtbare Verbindung hat wie Sie beide, dann muss man sich doch gar nicht erst verloben, dann kann man doch gleich heiraten." Und ich dachte immer nur, wenn der in den Kinderwagen reinschaut, dann fällt er mir in Ohnmacht, weil doch „unser" Baby schokoladenbraun war. Es ging aber alles nochmal gut, und so mussten wir keinen Notarzt rufen – konnten fröhlich mit den beiden Verlobungsringen wieder den Laden verlassen.

Wir warteten aber noch ein Jahr, bis wir heirateten, denn wir hatten ja kaum Geld. Hajo bekam eine Kriegswaisenrente und BAföG und ich bekam nach Beendigung meiner schulischen Ausbildung im Anerkennungsjahr als Sozialpädagogin schlappe 650 D-Mark – zusammen hatten wir also nicht wirklich viel. Es reichte jedoch für eine sehr, sehr kleine Erdgeschosswohnung in einem Altbau-Mehrfamilienhaus des „Hamburger Bau- und Sparvereins" in Altona an der wahnsinnslauten Barnerstraße am Lessing-Tunnel. Diese Wohnung hatte ein winzig kleines Wohnzimmer und ein noch winzigeres Schlafzimmer. In letzterem standen die Ehebetten, die mein Vater uns zur Hochzeit geschenkt hatte – von einer Wand zur anderen und man musste von der Seite reinkriechen. Die Miete war für uns gerade so erschwinglich, denn es gehörte die Hausmeisterstelle dazu.

Ich musste diese Arbeit machen – eigentlich wir, aber der Herr Psychologiestudent im vorletzten Semester hatte dazu keine Zeit. Ich arbeitete ja „nur" in der „Blinden- und Sehbehinderten-Schule" am Borgweg. Ich hatte nämlich kurz vorher die schreckliche Botschaft erhalten, dass ich wahrscheinlich mit dreißig Jahren blind sein würde. In der Blinden- und Sehbehinderten-Schule wollte ich Erfahrungen sammeln und erleben, dass es nach einer Erblindung – für blinde Lehrer und blinde Schüler – auch noch ein fröhliches, erfülltes Leben möglich wäre. Glücklicherweise konnten insgesamt neun schwere Operationen in den nächsten Jahren, darunter vier Hornhauttransplantationen (mit Organen von Verstorbenen) mir so viel Sehkraft erhalten, dass ich zwar auf einem Auge seit über vierzig Jahren so gut wie blind bin, aber auf dem anderen Auge – mit Brille – stolze vierzig Prozent sehen, Rad fahren und mein Leben meistern kann. Autofahren, ein Führerschein, waren allerdings nie möglich – abe ich lebe ein intensives, gesundes Fahradfahrerinnen-Leben.

Zurück zur Wohnung in der Barnerstraße in Altona: Ich war also, zusätzlich zu meiner Arbeit in der Blindenschule, Hausmieterin in diesem vierstöckigen Wohnhaus (ohne Keller). Wenn aber zum Beispiel Kohlen angeliefert wurden, dann wurden die auf den Boden geschleppt – durchs ganze Treppenhaus. Wie das danach aussah, das kann man sich ja leicht vorstellen. Ich musste dann von oben bis unten alles wieder saubermachen – puh! Auch Schneeschippen gehörte zu meinen Aufgaben und das war damals ein Winter, oh, war *das* ein Winter, immer wieder schneite es, blieb der Schnee liegen und ich schippte und schippte, bis ich nicht mehr konnte.

Als das Jahr in der Blindenschule vorbei war und ich ein sehr gutes Diplom erhalten hatte, übernahm ich eine Stelle als Heimleiterin in Neumünster – darüber berichte ich in einem anderen Kapitel. (s. Kolpings Nase). Dort im Kinderheim wurde ich zumindest die Hausmeistertätigkeiten los, denn im Kinderheim hatten wir einen eigenen Haumeister. Und dieser Hausmeister, der war schon eine ganz besondere Sorte.

Damals hatte ich eine Praktikantin, die am Ende ihres Praktikums dem Heim zwei Meerschweinchen schenkte – beides Männchen, wie sie sagte, so hatte man ihr in der Tierhandlung jedenfalls versichert. Dummer Weise war da aber ein Fehler unterlaufen und eines Tages gab es fünf kleine neugeborene Meerschweinchen dazu. Obelix und Asterix, wie die beiden vermeintlich männlichen Exemplare hießen, waren Eltern geworden.

Um nun die immer weitere Vermehrung der Schweinchen zu verhindern, bat ich den Hausmeister, diese sorgfältigst in Männchen und Weibchen zu trennen, damit weiterem Nachwuchs ein Riegel vorgeschoben wäre. Er baute zwei Ställchen draußen auf dem Heimgelände und einige Wochen lang schien auch alles gut zu sein, bis, ja, bis in beiden Ställen weiterer Nachwuchs einkehrte und so hatten wir in allerkürzester Zeit für jedes der zwanzig Kinder im Heim ein „eigenes" Meerschweinchen. Als ich viele Jahre später die Heimleitung aufgab und eine andere Herausforderung annahm, schenkten wir dem Neumünsteraner Kleintierzoo alle Tiere, die inzwischen unaufhaltsam mehr und mehr geworden waren, denn der Hausmeister hatte sich standhaft geweigert, nach meinem Weggang – denn ich hatte mich auch immer um die die Ställe gekümmert – die Versorgung alleine weiter zu führen. Immerhin konnten die Kinder ihre Schweinchen jederzeit im Tierpark besuchen, denn wir hatten dort freien Eintritt für alle Kinder geschenkt bekommen.

Israel, Kibbuz En Gedi

Kurz nach dem Sechstagekrieg zwischen Israel und den arabischen Staaten Ägypten, Jordanien und Syrien, der vom fünften bis zum zehnten Juni 1967 dauerte, hatte ich mich über meinen vierundzwanzigsten Geburtstag hinweg freiwillig zu einem vierwöchigen Kinderbetreuungseinsatz im Kibbuz En Gedi gemeldet.

Ein Kibbuz ist eine ländliche Kollektivsiedlung in Israel mit gemeinsamem Eigentum und basisdemokratischen Strukturen. So ein Kibbuz ist eine Gesellschaft, in der sich einzelne Personen entschlossen haben, gemeinsam zu leben. Der Kibbuz übernimmt die gesamte Versorgung seiner Mitglieder: Von Glühbirnen bis hin zu Möbeln, von Kleidung bis hin zu Bettwäsche, von Seife bis hin zu medizinischer Versorgung, von Erziehung und Kultur bis hin zu Auslandsreisen. Doch bekommt man für seine Arbeit kein Gehalt und alle Arbeiten sind gleichwertig. Letzteres fand ich besonders toll, denn die Kinderbetreuerin und der Universitätsprofessor wurden, was die „Entlohnung" betraf, völlig gleich behandelt. Jeder braucht eben jeden, um das Gemeinschaftsleben zu erhalten. Jeder gibt das, was er kann, dazu.

Das war ein großer Traum von mir, so zu leben, und deswegen nutzte ich die Sommerferien zu diesem Aufenthalt und zur Arbeit dort im Kibbuz En Gedi. Mitten in der Wüste.

Da zu Beginn der Kibbuzbewegung beide Elternteile für die Bewirtschaftung und die Arbeit in der Kommune gebraucht wurden, verbrachten die Kinder Tag und Nacht in den Kinderhäusern. Abgesehen von den Stillzeiten kamen Mutter und Kind nur für wenige Stunden am Tag zusammen. Zu der Zeit, als ich da war, war das noch so. Viele Jahre später veränderte sich dieses streng voneinander getrennte Leben von Eltern und Kindern. Andererseits betreuten wir die Kinder in der herrlichen Umgebung des Kibbuz und die Eltern konnten beruhigt sein, weil es ihren Kindern gut ging.

Amos Oz, der bekannte israelische Schriftsteller, der seine Kinder selber in so ein Kibbuzkinderhaus gegeben hat, hat in mehreren Büchern das Leben

der Kinder damals im Kibbuz sehr kritisch dargestellt – da wurde zu sehr, so schreibt er, über „einen Kamm geschoren", die Individualität der Kinder wurde zugunsten der Allgemeinheit, der Anpassung nicht genügend beachtet. Viele Kinder haben dadurch damals seelische Schäden davongetragen.
Für mich war diese Erfahrung – wie im vermeintlichen „Kinderparadies" doch nicht alles „Gold war, was glänzt" – sehr wichtig für meine eigene spätere Arbeit im Kinderheim. Denn man kann auch durch Systemfehler lernen.
Gut, dass ich da rechtzeitig *vor* dem persönlichen Gestalten eines Heimes, seiner Pädagogik und Menschlichkeit diese Erfahrung gemacht hatte – denn bevor ich das dort selbst erlebte, war ich hell begeistert von dieser Art der Kindererziehung im Kibbuz.
Neben diesen Erfahrungen in der Kinderbetreuung hatte ich auch drei einzelne Tage frei und konnte mir die hochinteressante Umgebung ansehen. Hier befand ich mich permanent auf „biblischem Boden", denn alle Ortschaften, Gegenden, haben eine Entsprechung in den jeweiligen biblischen Geschichten.
Als erklärter „Wassernixe" war für mich in dieser Wüste der Wasserfall im Wadi David, unter dem sich ein kühles, natürliches Becken befindet, das mich natürlich sofort zu einem erfrischenden Bad verlockte, das erste Ziel.
An einem anderen freien Tag machte ich einen Ausflug zum Toten Meer, das 420 Meter unter dem Meeresspiegel liegt. Es ist so unglaublich mineralhaltig, insbesondere aber salzhaltig, dass ich mich auf den Rücken legen und im Wasser treibend Zeitung lesen konnte. Man geht – ich ging – nicht unter, das Salz hält einen oben. Toll.
An meinen letzten freien Tag machte ich dann noch einen Ausflug zur „Festung von Masada", die zu Zeiten der Römer errichtet wurde. Das Bauwerk ist berühmt für seine besondere Lage und spannende Geschichte. Auf einem Gipfelplateau am Rand der Judäischen Wüste, hoch über dem Toten Meer, ließ sich Herodes eine Palastfestung erbauen. Fertiggestellt wurde dieses königliche Refugium etwa 15 v. Chr. Ungefähr siebzig Jahre später, wäh-

rend des Jüdischen Krieges, nutzten viele Menschen Masada als Fluchtfelsen. Dort konnten Verfolgte ärmlich, aber dennoch, überleben. Doch 74 n. Chr. wurde um Masada ein Belagerungswall durch die Römer errichtet. Und mit dem Bau einer Rampe gelang es den Römern schließlich, eine Bresche in die Festungsmauer zu reißen. In dieser aussichtslosen Lage hat der Befehlshaber von Masada, Eleasar ben Jaìr, alle auf der Festung Eingeschlossenen davon überzeugt, mit ihren Frauen und Kindern Selbstmord zu begehen.

Wie traurig.

Ich hatte vor meinem Anstieg, in glühender Hitze hinauf auf diesen „Todesfelsen", von dieser Selbstmordbelagerung gelesen, und mir war ganz blümerant zumute, ich hatte großes Mitgefühl mit diesen armen Menschen in ihrer ausweglosen Situation.

Als ich nach über einer Stunde Kraxelei oben auf dem Felsplateau ankam, stand dort ein Wasserfass mit einer einladenden Kelle an einer Kette, damit sie keiner mitnehmen konnte. In meinem ganzen Leben habe ich nie wieder einen so wunderbaren Schluck Wasser getrunken, auch wenn das Wasser eigentlich eine warme, abgestandene Brühe war. So kommt es doch immer auf die Gegebenheiten an. Ich werde diese „Kelle Wasser" jedenfalls nie vergessen.

Auch wenn ich mir hinterher an den Kopf schlug, als ich nach diesem belebenden Schluck Wasser, ganz oben angekommen, entdeckte, dass von der anderen Seite her eine Seilbahn auf den Berg hinauf führte – ich hätte mich in dieser Gluthitze gar nicht so abplagen müssen. Doch so hatte ich wenigstes wirklich gefühlt, gespürt, erlebt, wie es den Menschen damals dort auf diesem Felsen ergangen sein musste.

Warum bin ich überhaupt für diese vier Wochen nach Israel gegangen – ich suchte dort tatsächlich ein „Stückchen" Russland, Heimat in der Art, wie ein Kibbuz funktioniert, denn das ist immerhin doch sehr sozialistisch. Meine Sehnsucht „nach Zuhause", zurück, war, ist, ungebrochen. Damals beherrschte ja der sogenannte „Eiserne Vorhang" die verschiedenen Ansichten über die politische Gestaltung eines Volkes, da konnte ich nicht so einfach eben mal wieder dorthin – also habe ich stattdessen die Reise nach Israel ins Kibbuz unternommen, um einen Hauch Kindheit zu erhaschen – was natürlich dummes Zeug war, denn dort in der Wüste, in einem so völlig anderen Land als dem meiner Kindheit, war es für mich schwer, so ein bisschen Heimatduft zu erhaschen, zu empfinden.

Ich musste auch immer über mich lachen, wenn ich mit den Kindern in meinem rudimentären (nicht besonders guten) Englisch sprach, und dann, wenn mir die Worte auf Englisch nicht einfielen, dann floss es auf Russisch aus mir heraus. Die Kinder schauten mich dann immer verdutzt an, wollten aber von mir ein paar Worte lernen und so holte ich mir dann also doch einen Hauch Russland in den Kibbuz.

Richtig nach Russland zurückgekehrt bin ich zum ersten Mal 1970, als ein Direktflug von Berlin Schönefeld (da musste ich erst nach Ost-Berlin) nach Leningrad eingerichtet wurde. Mit der Aeroflot-Maschine bin ich glückstrahlend zurück in meine Kindheit geflogen. Leider nur auf kurze Zeit, auf Urlaub – aber immerhin.

Diese kurzen Rückreisen habe ich insgesamt sieben Mal in meinem späten Leben gemacht – das war immer unbedingt notwendig, um mich zu erden, um meine Wurzeln zu finden.

Mit all diesen interessanten Erfahrungen in Herz und im Verstand gerüstet, fuhr, flog ich von meinem Kibbuzabenteuer zurück nach Hamburg, wo ich dann bald darauf mein Examen als Sozialpädagogin bestand und sofort danach die Leitung des Kinderheimes übernahm – ich hätte so einen vierwöchigen freiwilligen Arbeitseinsatz für Kost und Logis im Kibbuz danach nie mehr machen können, war viel zu sehr selber mit der mir so wichtigen Kinderarbeit eingespannt.

Das Politische des Privaten

Ich glaubte daran, dass, sobald ich etwas über die Zukunft sage, meine Stimme unhörbar wird, weil es die Zukunft ja noch gar nicht gibt.

Andererseits scheint es mir wichtig, die Vergangenheit zu bearbeiten und in die Gegenwart zu integrieren. Die lange Zeit, die ich schon gelebt habe und deswegen dauernd von Erinnerungen heimgesucht werde, mein eigenes Erinnerungstor, durch das ich immer wieder schreiten muss.

Wenn jedoch die Vergangenheit sich nicht abnützen darf, dann geht es nicht weiter.

Ich stelle mir manchmal mit Schrecken vor, dass meine Erinnerungen genauso lange dauern müssten, wie die eigentlichen Ereignisse.

Cees Nooteboom, ein von mir hoch geschätzter Niederländischer Autor, sagte mal:

„Wie viel Vergangenheit kann man eigentlich in sich verkraften?"

Um also die Vergangenheit in die Gegenwart zu bringen, erzähle ich Geschichten aus meinem Leben, um so die Zukunft zu beschwören.

Die Beschwörung dieser sich in die Zukunft wagenden Geschichte könnte sehr romantisch beginnen:

Der Samowar summte sein heißes Teelied und zwei Frauen in einer bescheidenen Küche rückten eng zusammen. Eine Russin und eine Deutsche ...

Nein!

So war es nicht und soll es auch nicht erzählt werden, aber dennoch – ein Wunder könnte man es schon nennen, diese beiden Frauen dort in der kleinen Leningrader Küche.

Der Gasherd mit seiner bläulichen Flamme machte mir Angst, hatte ich doch als Kind erlebt, wie so ein Gaskocher explodierte, eine Frau in lichterlohen Flammen stand und sie nur hilflos schreiend nach draußen laufen konnte, um Nachbarn zu Hilfe zu rufen. Ich weiß nur noch, dass diese Frau dann an ihren schweren Verbrennungen gestorben ist. Meine Angst vor Gas, vor Feuer ist seitdem etwas, das mich durch mein Leben begleitet.

Und nun diese bläuliche Gasflamme, die da in der Küche ständig brannte, so beängstigend nahe, wegen der räumlichen Enge, in der Tisch, Stuhl und Herd dicht nebeneinander standen, und dazu die sommerliche Hitze über Leningrad, hier im zweiten Stock des schon sehr in die Jahre gekommenen Mietshauses, was diese Hitze noch unerträglicher machte.

Für die andere Frau, für Galina, war das mit der brennenden Gasflamme wiederum das Selbstverständlichste der Welt, denn Streichhölzer waren schwer, meistens gar nicht zu bekommen, und der Verbrauch von Gas wurde noch nicht extra abgerechnet, musste nicht bezahlt werden, und so war das für sie eine praktische Angelegenheit.

So sitzen wir also hinter dem raumteilenden Küchenschrank in der engen Koch-Ess-Ecke, da die andere Hälfte des Zimmers als Schlaf- und Wohnraum von Galina und ihrem Mann Andrej abgeteilt ist, zumindest solange ich als Besuch aus Deutschland in dem großen, komfortablen Schlafzimmer einquartiert bin.

Galina ist einundsechzig Jahre alt, sie war bei der Belagerung Leningrads durch die Deutschen noch ein Kind, in diesem extremen Winter, neun Monate Hunger, Kälte, Angst und Sterben, und sie mit ihren damals acht Jahren mittendrin.

Der Vater, die Mutter, die Großeltern, alle sind sie in diesen neun Monaten umgekommen, nur sie, seitdem eine Waise, kam durch, war zäh, hat sich auch in den folgenden Jahren von Stalinismus, Kommunismus als Lehrerin, später dann als Mutter von zwei Kindern, durchgeschlagen.

Und heute nun, in der Zeit nach Glasnost, wo wieder alles zerfällt, kein Halt, keine Orientierung da ist, wieder schwierige Zeiten sind, bessert sie ihre Rente, die für sie als Blockadekind 80 Rubel mehr beträgt als die Rente anderer Russinnen im gleichen Alter, bessert sie ihre Situation durch Vermietung an Deutsche auf, die Devisen bringen.

Wieso sie nun ausgerechnet an Deutsche vermietet? Das liegt daran, dass Leningrad, das heute St. Petersburg heißt, die Partnerstadt von Hamburg ist, und dass Andrej, ihr Mann, seit Jahren im Goethe-Institut in St. Petersburg Deutsch lernt und davon träumt, einmal nach Deutschland fahren zu können.

Der CVJM (Christlicher Verein Junger Menschen) hatte in der Prawda einen Aufruf geschaltet, dass sich Familien melden sollten, die bereit wären, gegen Bezahlung Deutschen, die ein bis zwei Wochen nach St. Petersburg kommen würden, in ihren Familien Unterkunft und Verpflegung zu gewähren. Andrej und Galina hatten sich da gemeldet und so kam ich zu ihnen in die Wohnung, denn ich machte einen vierzehntägigen Bildungsurlaub mit Sprachenstudium an der Newskij-Sprachenschule in St. Petersburg, um mein Russisch wieder aufzufrischen.

Zusätzlich pflanzt Galina auf ihrer Datscha, weit vor den Toren Leningrads, Gemüse und Obst an.

Die Andere, ich, sechs Jahre jünger, die ich nach dem Krieg 1946 als dreieinhalbjährige mit meinen Eltern nach Russland, in die Nähe Leningrads, nach Oranienbaum verschleppt wurde.

Dort lebte ich ja bis zu meinem zehnten Geburtstag, besuchte vier Jahre lang, wie ich nun feststellte, dieselbe Schule wie Galina, nur einige Klassen unter ihr, und war aber dennoch eingesperrt, hinter Gittern mit Maschinengewehrposten vor dem Tor.

Als Kinder sind wir uns also in Oranienbaum schon mal begegnet und wussten doch nichts voneinander – ja, sogar nichts von uns selbst, von unserer Zukunft, der Begegnung dreiundfünfzig Jahre später.

Ich also lebte in zwei Welten, herausgerissen aus der Heimat und später dann erneut dorthin zurückgeworfen, wo für mich nun keine Heimat mehr war.

Mehrfach entwurzelt, gestrauchelt und wieder aufgestanden.

Auch ich mit Kind, allerdings ohne Mann, kein leichtes Leben auch ich.

Mich zog, zieht es trotz allem immer wieder in dieses Land meiner Kindheit.
Auch ich bin im pädagogischen Bereich tätig, habe inzwischen jedoch viel von meinen einst perfekten Russischkenntnissen verlernt, vergessen, doch zu einer Unterhaltung mit Galina, dort in der Enge, in der von der bläulichen Gasflamme irrlichternd erhellten Essecke, reicht es noch.
So können wir feststellen, dass wir uns mögen, dass wir so viele Gemeinsamkeiten haben und wir uns doch eigentlich hassen müssten, da unsere Völker sich ja gegenseitig bekriegten, uns persönlich Schlimmes angetan haben.
Jedoch schwingt zwischen uns nichts anderes als Verstehen, Freundschaft, Begreifen, dass diese Vergangenheit nur dadurch überwunden werden kann, wenn sich zwei Frauen, wie wir beide, wir, die gelitten haben, sich über den Küchentisch bei einer Tasse Tee die Hände reichen.
Das ist es, was für die Zukunft hoffen lässt, dass es immer wieder, immer öfter zwei Menschen gibt, die sich so die Hände reichen, auch wenn ihre Vergangenheit Hass erwarten lassen würde.
Wenn jeder Einzelne die Gegenwart richtig lebt, erfolgt die Zukunft, eine positive Zukunft, ganz von selbst.

Kolpings Nase

Ende März 1968, ich bin fünfundzwanzig Jahre alt und habe nach sehr langen, schwierigen Jahren, in denen ich immer gleichzeitig studiert und gearbeitet habe, endlich mein Ziel erreicht – ich bin Diplom-Sozialpädagogin mit fabelhaftem Zeugnis! Hurra!

Und nun konnte ich den nächsten Schritt auf meinem Weg, mit Kindern zu arbeiten, der mich zehn Jahre lang angespornt hatte, endlich beginnen. Mit Kindern, die die Gesellschaft, die Erziehung, die Familien an den Rand gestellt haben, aussortiert, „schwererziehbar" – so nennt man sie.

Auch ich war – nach der Übersiedlung von Russland, von Ostberlin in den Westen nach Köln, jahrelang so ein schwererziehbares Kind – ich habe darüber schon berichtet. Und ich habe auf diesem meinem langen Weg, über die Lehre als Dekorateurin, der Gesellenzeit, dem Erwerb der Mittleren Reife durch eine Abendschule und dann weiter in der Ausbildung, erst zur Erzieherin und dann zur Sozialpädagogin, genau das gelernt, was ich immer schon wusste – Kinder muss man lieben, verstehen, ermutigen und nicht kränken, entmutigen, endlosen Strafen unterwerfen.

So also ausgerüstet mit meiner eigenen langjährigen schmerzhaften Erfahrung als „schwererziehbares Kind" und dem Wissen über Pädagogik und Psychologie aus meiner Studienzeit, bewarb ich mich um die Stelle als Leiterin eines Heilpädagogischen Kinderheimes in Neumünster. Allerdings war der Träger der Caritasverband Hamburg, weil Dr. M.(inzwischen zum Monsignore und Caritas-Direktor von Hamburg aufgestiegen) früher Kaplan in dem Kolpinghaus gewesen war, das jetzt zum Kinderheim umgebaut wurde. Kolpinghäuser sind ursprünglich im 19. Jahrhundert entstandene katholische Unterkünfte für Gesellen, die wandernden Handwerksgesellen eine Grundversorgung anboten. Gegründet wurden die Kolpinghäuser vom katholischen Priester und Sozialreformer Adolph Kolping, der angesichts der Auflösung der sogenannten Meisterfamilien und des Verlustes familiärer und religiöser Werte diese Häuser entwickelte.

In Neumünster gab es viele Jahre lang gut laufende Lederfabriken, die viele Gesellen brauchten. Als diese Lederindustrie aber immer weniger wurde und in der Stadt alle Fabriken geschlossen wurden, brauchte man das Kolpinghaus in seiner ursprünglichen Bestimmung auch nicht mehr. Das einzige, was im Haus noch an seine frühere Bestimmung als Kolpinghaus erinnerte, war eine Büste Kolpings, die im weiträumigen Treppenhaus als Blickfang stand. Da Dr. M. aber an dem Haus hing, fasste er den Plan, dort ein „Heilpädagogisches Kinderheim", das neueste auf dem Sektor der Heimpädagogik, mit kleineren Gruppen, mehr Personal und psychologischer Betreuung, unterzubringen und suchte nun eine Leitung.
Bei meinem Einstellungsgespräch mit ihm erfuhr ich, dass er eigentlich einen Mann, einen Heimleiter, suchen würde, dass aber der einzige Mann, der sich außer mir beworben hatte (ein ehemaliger Kommilitone von mir), so schlechte Zeugnisse hätte, dass er sich dann doch lieber für mich entschieden habe, wenn ich nur versichern würde, dass ich die nächsten Jahre keine Kinder bekommen wollte.
Ich war inzwischen seit einem Jahr mit Hajo, der inzwischen Diplom-Psychologe war, verheiratet. Er schrieb aber an der Universität in Hamburg noch seine Doktorarbeit. Und dieses Ansinnen von einem katholischen Würdenträger, war gelinde gesagt – unverschämt und auch gesetzeswidrig!
Ich bekam also die Stelle in Neumünster und stürzte mich mit Feuereifer in die Gestaltung und Möblierung der Räume, in die Akten der aufzunehmenden Kinder und studierte die Anfragen möglicher Erzieherinnen.
Endlich waren die ersten Kinder und Erzieherkolleginnen da. Nun sollte aber noch eine offizielle Einweihung kommen. Mit Presse, Fernsehen, dem Weihbischof aus Osnabrück, der das Haus weihen (segnen) sollte und mit einer Rede vor den etwa siebzig geladenen illustren (wichtigen) Gästen – von mir!
Ich saß tagelang an der Ausarbeitung und Formulierung dieser fünf Seiten langen Rede – formulierte, formulierte um und war mächtig aufgeregt vor diesem meinem ersten offiziellen Auftritt.

Als es nur noch vier Tage bis zu diesem denkwürdigen Tag waren, traten die neu aufgenommenen Jungen mit dem Fußball, den sie eigentlich nach draußen tragen sollten, schon mal kräftig gegen den Ball, der flog im hohen Bogen nach unten und … der Kolpingbüste genau auf die Nase, die, völlig unspektakulär, einfach abbrach. Was für ein Malheur. Ich musste das natürlich sofort dem Caritas-Direktor beichten. Der schrie Zeter und Mordio und organisierte einen Bildhauer, für ein unverschämt hohes Honorar, der eine neue Kolping ähnliche Nase modellieren sollte. Für die Kinder, die Ausstattung der Räume, da knauserte er immer sehr mit dem Geld, aber diese unsägliche Nase, die ließ er sich was kosen. Aber – der Künstler gestaltete tatsächlich bis zur Einweihungsfeier diese Nase neu.
Nun war er also da, der Tag des Festes.
Ich zog mein „bestes schwarzes Kostüm" an, das ich schon ein Jahr zuvor bei meiner standesamtlichen Hochzeit getragen hatte, und dazu hohe schwarze Pumps, damit man meine Wichtigkeit erkennen konnte.
Langsam füllte sich der Saal (wir hatten im Haus sogar eine Aula) mit den Eröffnungsgästen. Ich wuselte noch herum, um das eine oder andere noch mal zu überprüfen, und da hörte ich, wie der Weihbischof zum Caritas-Direktor sagte: „Wo ist denn der Heimleiter?" Und Dr. M. sagte: „Dort hinten, die junge Frau im schwarzen Kostüm." Darauf erwiderte der Weihbischof: „Die Kleine!" Das war natürlich nicht gut, dass ich das gehört hatte, denn es machte mich noch nervöser vor meinem Rede-Auftritt.
Ein weiteres Wortscharmützel gab es noch, das zeigte, was für eine schlechte Meinung die Männer, insbesondere die männlichen Heimleiterkollegen in Schleswig-Holstein, damals von uns Frauen, und dann auch noch in leitender Stellung, hatten. Ich war ja noch nicht vorgestellt worden. Ein solcher Kollege kam auf mich zu und fragte mich: „Von wem sind sie die Sekretärin?" Da habe ich ihn frech angeschaut und gesagt: „Und von wem sind Sie der Sekretär?" Daraufhin ist er mukschig abgezogen. Solchen weiblichen Abwertungen war ich – war man allgemein als Frau – in den sechziger Jahren ständig ausgesetzt.

Aber es half ja nichts, als es dann los ging, musste ich ans Mikrofon und meine erste große Rede halten – vor Aufregung merkte ich erst gar nicht, dass ich nach der zweiten Seite schon die vierte Seite vorlas. Als ich es merkte, drohte ich total die Fassung zu verlieren, fing mich dann aber rasch, denn ich hatte in einem Rhetorik-Kurs gelernt, dass man in so einem Fall einfach weiter lesen, weiter vortragen solle und das tat ich auch und … es hatte niemand gemerkt, jedenfalls kam niemand zu mir, um die Lücke anzumerken, dass ich eine ganze Seite überschlagen hatte, und ich trat heftig erleichtert vom Rednerpult ab und überließ dieses nun den anderen wichtigen Rednern.
Als dieser Teil des Festaktes beendet war, kam die eigentliche Einweihung. Ich bekam einen Kessel mit Weihwasser in dem ein Sieblöffel steckte, in die Hand gedrückt und den Auftrag, mit dem Weihbischof durchs ganze Haus, durch alle Räume zu gehen und ihm immer wieder den Weihwasserkessel zum Eintauchen des Löffels mit dem Segnungswasser hinzuhalten. Ich schaffte das Treppauf und Treppab – trotz der ungewohnt hohen Schuhe – sehr gut, nur als er die erste Toilette – wie alle anderen Räume auch – mit einem Segensspruch einweihte, wäre ich fast aus meiner ernsten und würdigen Rolle gefallen und hätte laut losgekichert. Doch ich fasste mich gerade noch und alles lief glatt ab.
Dr. M. war dann, als alle Gäste abgereist waren, auch sehr zufrieden mit mir.
Und ich, als auch er weg war, rief die Kinder und schob mit ihnen gemeinsam den schweren Sockel mit der Kolpingbüste und der reparierten Nase in eine abschließbare Abseite, damit die Nase nie wieder zu Bruch gehen konnte. Ob Kolping heute noch in der Abseite steht – ich weiß es nicht . Aber diese Tat, ihn aus der „Schusslinie“ zu bringen und nicht die Jungen jeden Tag zu ermahnen und zu bedrängen, wenn sie schwungvoll das Treppenhaus runter liefen – das war mir eine solche Freude, denn die Kinder waren mir natürlich hundertmal wichtiger als die „teure“ Kolpingnase.

Konservierte Kindheit

Wie man sich – wie ich mich – irren kann. Als ich im Juli 2019 mit einem NDR-Aufnahmeteam wieder einmal in Russland, wieder in Oranienbaum, in meiner geliebten Kindheitskulisse war, um die Stätte meiner Kindheit für den Film: „Das Russenkind“ vom Ostseereport des NDR mit der Kamera einzufangen, da dachte ich erst wehmütig: „Das ist nun das allerletzte Mal, dass ich hierher zurückkehren konnte“, denn ich konnte mir nicht vorstellen, dass ich mit dann vielleicht achtzig oder noch mehr Jahren „auf dem Buckel“ noch einmal hinfahren würde.

Dann entwickelte sich ja aber alles ganz anders, denn das Schloss, das „Große Schloss“, es war inzwischen seit acht Jahren UNESCO-Kulturerbe und alle Teile der Anlage nun in ein Museum umgewandelt worden. Ich konnte in den, wie die Museumsdirektorin sagte, wiederhergestellten Räumen, mit Filzpantoffeln an den Füßen, über kostbare Parkettfußböden mit aufwändigen Einlegearbeiten in Räumen mit hunderten von Gemälden, Lüstern, Statuen, feinsten Porzellankaraffen, uralten Büchern, Landkarten usw. herumschlurfen.

Auch der Park, die Gärten, abgezirkelte Beete mit kurzgeschnittenen Hecken, zu Mosaiken ausgelegten Beeten, Gipsfiguren der alten Götter: gepflegt, sehr gepflegt – kein bisschen Wildwuchs mehr, steril – übersichtlich – ach, was haben sie nur aus „meinem" so vielseitigen, herrlich verwilderten Schloss und Schlosspark gemacht.
Sie haben alles in die Zarenzeit, ins achtzehnte Jahrhundert zurückversetzt und nun schlurfen jedes Jahr tausende interessierte, diese vergangene

„Herrlichkeit“ bewundernde Museumsbesucher durch „mein“ altes Klassenzimmer, durch „unsere“ frühere Wohnung.

Also – ich war zutiefst enttäuscht von diesem Sprung zurück in die Zarenzeit, zu dieser musealen, längst vergangenen Welt.

Nun aber, durch das Schreiben dieser Erinnerungen habe ich erst verstanden, dass das „wirkliche Kinderland“ , mein Kinderland, hier auf diesen Seiten des Buches zu finden ist, dass mir *das* niemand nehmen kann, dass mir *das* niemand verfälschen, entzaubern kann, dass ich auch mit zunehmenden Alter immer wieder in dieses „Land“ reisen kann so oft und wie lange ich will.

Über die Autorin

Heidrun Schaller, 1943 in Eckernförde geboren, 1946 mit der Familie in die Sowjetunion verbracht, 1953 nach Ost-Berlin (DDR) zurückgekommen, 1954 Flucht in den Westen.
Mit elf Jahren nach Köln; 1964 zum Studium nach Hamburg: Erzieherin, Diplom-Sozialpädagogin; Arbeit in der Blinden- und Sehbehindertenschule in Hamburg; Leitung eines Heilpädagogischen Kinderheims in Neumünster; in Braunschweig tätig an einer Sonderschule für geistig behinderte Kinder; 3 Lehramtsprüfungen, Supervisionsausbildung; Dozentin an der Fachschule für Sozialpädagogik in Rotenburg an er Wümme; Fortbildungsreferentin im Amt für Jugend in Hamburg.
Aktuell lebt Heidrun Schaller im Ruhestand mit eigenem Atelier in Glückstadt an der Elbe.

Seit ca. 45 Jahren schreibt sie intensiv und veröffentlicht. Ihre Beiträge sind in zahlreichen Anthologien und Fachzeitschriften erschienen.

Als Einzelpublikationen sind zu nennen:

„Wachstum geht nicht ohne Schmerzen“ (Lyrik)1989
Till Sitter Verlag, Bremen

„Chaos huscht durch die Perfektion“ (Lyrik)
Edition Thaleia, Saarbrücken

„Kinder stark machen gegen die Sucht“ (Elternratgeber) 1997
Herder Verlag, Freiburg

„… und immer wieder der Mensch …“ (27 Texte und eigene Bilder) 2018
elbaol verlag hamburg, Meldorf

„Ein unbeugsames Blatt im Wind der Zeit“ (80 Miniaturen in Prosa) 2019
elbaol verlag hamburg, Meldorf

„Solostimme auf gebrauchtem Papier“ (Gedichte) 2020
elbaol verlag hamburg, Meldorf

„Die alten Drachenflügel schütteln“ (Reisegedichte einer Pilgerin)
elbaol verlag hamburg, Meldorf

Heidrun Schaller ist Mitglied in der Hamburger Autorenvereinigung und Repräsentantin für Hamburg/Norddeutschland in der Lyrikgesellschaft

In den letzten Jahren hat sie u. a. folgende literarische Auszeichnungen erhalten:
Prosapreis der Stadt Wolfen (2003)

Förderpreis für Literatur der Igda (Interessengemeinschaft deutschsprachiger Autoren, 2007)

Lyrikpreis der Stadt Hildesheim (2009)

Gewinnerin (1. Preis für Prosa) beim Wolfsburger Literaturpreis (2012)